150 Jahre
Kohlhammer

Fördern lernen – Prävention
Herausgegeben von
Stephan Ellinger

Band 19

Thomas Hennemann/
Dennis Hövel/Gino Casale/
Tobias Hagen/
Klaus Fitting-Dahlmann

Schulische Prävention im Bereich Verhalten

2. Auflage

Verlag W. Kohlhammer

2. Auflage 2017

Gesamtherstellung: W. Kohlhammer GmbH, Stuttgart

Print:
ISBN 978-3-17-032357-5

E-Book-Formate:
pdf: ISBN 978-3-17-032358-2
epub: ISBN 978-3-17-032359-9
mobi: ISBN 978-3-17-032360-5

Vorwort des Reihenherausgebers

Die Reihe *Fördern lernen* umfasst drei klare thematische Schwerpunkte. Es sollen erstens die wichtigsten *Förderkonzepte und Fördermaßnahmen* bei den am häufigsten vorkommenden Lern- und Verhaltensstörungen dargestellt werden. Zweitens gilt es, die wesentlichen Grundlagen pädagogischer Beratungsarbeit und die wichtigsten *Beratungskonzepte* zu diskutieren, und drittens sollen zentrale *Handlungsfelder pädagogischer Prävention* übersichtlich vermittelt werden. Dabei sind die Bücher dieser Reihe in erster Linie gut lesbar und unmittelbar in der Praxis einzusetzen.

Im *Schwerpunkt Intervention* informiert jeder einzelne Band (1–9) in seinem ersten Teil über den aktuellen Stand der Forschung und entfaltet theoriegeleitet Überlegungen zu Interventionen und Präventionen. Im zweiten Teil eines Bandes werden dann konkrete Maßnahmen und erprobte Förderprogramme vorgestellt und diskutiert. Grundlage für diese Empfehlungen sollen zum einen belastbare empirische Ergebnisse und zum anderen praktische Handlungsanweisungen für konkrete Bezüge (z.B. Unterricht, Freizeitbetreuung, Förderkurse) sein. Schwerpunkt des zweiten Teils sind also die Umsetzungsformen und Umsetzungsmöglichkeiten im jeweiligen pädagogischen Handlungsfeld.

Die Bände im *Schwerpunkt Beratung* (10–15) beinhalten im ersten Teil eine Darstellung des Beratungskonzeptes in klaren Begrifflichkeiten hinsichtlich der Grundannahmen und der zugrundeliegenden Vorstellungen vom Wesen eines Problems, den Fähigkeiten des Menschen usw. Im zweiten Teil werden die Methoden des Beratungsansatzes anhand eines oder mehrerer fiktiver Beratungsanlässe dargestellt und erläutert, so dass Lehrkräfte und außerschulisch arbeitende Pädagogen konkrete Umsetzungen vornehmen können.

Die Einzelbände im *Schwerpunkt Prävention* (16–21) wenden sich *allgemeinen Förderkonzepten und Präventionsmaßnahmen* zu und erläutern praktische Handlungshilfen, um Lernstörungen, Verhaltensstörungen und prekäre Lebenslagen vorbeugend zu verhindern.

Die Zielgruppe der Reihe *Fördern lernen* bilden in erster Linie Lehrkräfte und außerschulisch arbeitende Pädagogen, die sich entweder auf die Arbeit mit betroffenen Kindern vorbereiten oder aber schnell und umfassend gezielte Informationen zur effektiven Förderung oder Beratung von Betroffenen suchen. Die Buchreihe eignet sich auch für die pädagogische Ausbildung und als Zugang für Eltern, die sich nicht auf populärwissenschaftliches Halbwissen verlassen wollen.

Die Autorinnen und Autoren wünschen allen Leserinnen und Lesern ganz praktische *Aha*-Erlebnisse!

Stephan Ellinger

Einzelwerke in der Reihe *Fördern lernen*

Intervention
Band 1: Förderung bei sozialer Benachteiligung
Band 2: Förderung bei Lese-Rechtschreibschwäche
Band 3: Förderung bei Rechenschwäche
Band 4: Förderung bei Gewalt und Aggressivität
Band 5: Förderung bei Ängstlichkeit und Angststörungen
Band 6: Förderung bei ADS/ADHS
Band 7: Förderung bei Sucht und Abhängigkeiten
Band 8: Förderung bei kulturellen Differenzen
Band 9: Förderung bei Hochbegabung
Beratung
Band 10: Pädagogische Beratung
Band 11: Lösungsorientierte Beratung
Band 12: Kontradiktische Beratung
Band 13: Kooperative Beratung
Band 14: Systemische Beratung
Band 15: Personzentrierte Beratung
Prävention
Band 16: Berufliche Eingliederung
Band 17: Förderung der Motivation bei Lernstörungen
Band 18: Schulische Prävention im Bereich Lernen
Band 19: Schulische Prävention im Bereich Verhalten
Band 20: Resilienz
Band 21: Hilfen zur Erziehung

Inhalt

Einleitung

In der aktuellen politischen und fachwissenschaftlichen Diskussion zur Inklusion insbesondere von Kindern und Jugendlichen unter erhöhten emotional-sozialen und kognitiven Risiken wird die Frage nach einer konkreten und effektiven Förderung emotionaler und sozialer Kompetenzen zur Vermeidung bzw. Verminderung von Gefühls- und Verhaltensstörungen dringlicher gestellt denn je. Betrachtet man die derzeitige gesellschaftliche Entwicklung, zeichnet sich nach wie vor eine zu einseitige Orientierung an formaler Intelligenz und Leistung ab, die zu Lasten der Entwicklung emotionaler und sozialer Kompetenzen geht. Dies spiegelt sich in gezeigten physischen und psychischen Auffälligkeiten bereits im Kindes- und Jugendalter wider. Besonders die Schulen als hochsensibler Messparameter sozialer Fehlentwicklungen haben unter dieser allgemeinen Problematik zu leiden. Fehlende emotional-soziale Kompetenzen stellen ein erhebliches Entwicklungsrisiko für Kinder dar und können bis zu manifestierenden Gefühls- und Verhaltensstörungen und damit erheblichem Leidensdruck aller Beteiligten führen.

Der Umgang mit Kindern und Jugendlichen mit Gefühls- und Verhaltensstörung gehört für viele Pädagogen zu den größten beruflichen Herausforderungen in (vor-)schulischen und außerschulischen Institutionen. Dabei wird nach internationalen und nationalen Einschätzungen von einer Prävalenzrate (Auftretenswahrscheinlichkeit) von 10–20 % aller Kinder und Jugendlichen ausgegangen, die Gefühls- und Verhaltensstörungen aufweisen (z. B. Beelmannn/Raabe 2007; Ihle et al. 2000). Auch konservative Schätzungen gehen davon aus, dass ca. 5 % aller Kinder und Jugendlichen aufgrund einer vorliegenden psychischen Störung als dringend behandlungsbedürftig einzuschätzen sind (Ihle/Esser 2008). Epidemiologische Längsschnittstudien zeigen relativ übereinstimmend hohe Persistenzraten (Stabilität). So weisen z. B. externalisierende Formen wie aggressiv-dissoziales Verhalten und ADHS, die bereits im Kindesalter beginnen, sehr ungünstige Verläufe auf (Ihle/Esser 2008).

Zudem sind auch hohe Wechselwirkungen (Komorbiditätsraten) etwa von Gefühls- und Verhaltensstörungen mit Lernstörungen von bis zu 50 % (Klauer/Lauth 1997) als deutliches Indiz für die Verschärfung der Problematik zu sehen, auf die besonders die (Sonder-)Pädagogik professionelle Antworten gerade im Rahmen eines inklusiven Bildungssystems finden muss. Auch vor diesem Hintergrund erhält ein frühzeitiges, unterstützendes Eingreifen und gezieltes Fördern eine immense Bedeutung: Die gezielte frühzeitige, präventive Förderung emotional-sozialer Kompetenzen ist alternativlos, wenn man nicht die individuell und gesellschaftspolitisch gleichermaßen gravierenden Konsequenzen sich verfestigender und kumulierender Risikokonstellationen in Kauf nehmen will, wie zahlreiche Längsschnittstudien eindeutig belegen (Beelmann/Raabe 2007). Sowohl wissenschaftlich als auch politisch und ökonomisch nimmt daher die Forderung nach geeigneten Präventionsmaßnahmen, die sich an empirischen und zugleich theoretischen Qualitätskriterien orientieren, zu (Beelmann/Raabe 2007; Ihle/Esser 2008), da sie als kostengünstige Alternative gelten, die zu einem frühzeitigen Zeitpunkt Einfluss auf die kindliche Entwicklung nehmen und somit komplexere Problemkonstellationen, wie sie häufig im Jugendalter bei dissozialem Verhalten auftreten, verhindern können. Eine effektive, zielgruppenspezifische Präventionsarbeit im Bereich der (vor-)schulischen Erziehungshilfe ist unabdingbar an theoretische und empirisch abgesicherte Erkenntnisse der Entwicklungspsychologie sowie an Ergebnisse der Resilienzforschung gebunden. Insgesamt ergibt sich daher für die Pädagogik im Allgemeinen und für die Sonderpädagogik im Speziellen ein wesentlicher präventiver Auftrag (Hillenbrand 2006). Dieser frühzeitige Präventionsauftrag für alle an der Entwicklung von Kindern und Jugendlichen Beteiligten wird auch durch die Kultusministerkonferenz (2000) dringend empfohlen: »Durch vorbeugende Maßnahmen können die Verfestigung sozial unangemessener Handlungsmuster frühzeitig verhindert, erwünschte angebahnt und dadurch die schulische Entwicklung positiv beeinflusst werden« (KMK 2000, S. 3). Die zentrale Bedeutung einer frühzeitigen präventiven Förderung wird auch durch die aktuellen KiGGS-Studien des Robert-Koch-Instituts bekräftigt (Hölling et al. 2007; 2014).

Doch welche wirksamen pädagogischen Möglichkeiten gibt es, um zum einen konsequent emotional-soziale Kompetenzen von Kindern und Jugendlichen in den Bildungsinstitutionen zu fördern und gleichzeitig möglichen Entwicklungstendenzen hin zu einer Verhaltensstörung effektiv vorzubeugen? Aufgrund des spürbaren Leidensdrucks der beteiligten pädagogischen Fachkräfte, der Kinder und Jugendlichen und ihrer Eltern wird sehr häufig nach schnellwirksamen »Zaubertechniken« oder »Rezepten« im Umgang mit herausforderndem Verhalten gerufen. Der Wunsch ist verständlich, jedoch wissenschaftlich betrachtet nicht einlösbar, da sich Entwicklungs- und Erziehungsrealitäten sehr komplex darstellen. Nichtsdestotrotz liegen mittlerweile eine Reihe von wirksamen präventiven Maßnahmen für pädagogische Kontexte vor, die in diesem Buch unter dem Fokus der wissenschaftlichen und praxisorientierten Qualitätskriterien näher vorgestellt werden.

Wichtig ist es uns dabei zu betonen, dass wir alle im Folgenden von uns empfohlenen Maßnahmen und Methoden immer auf der Grundlage eines Verständnisses von Prävention im Sinne der bestmöglichen Förderung jedes einzelnen Kindes und Jugendlichen sehen. Insofern geht es in diesem Buch nicht um pädagogische Techniken, die in beliebigen Kontexten eingesetzt werden können, sondern um überprüfte hilfreiche Förderansätze, die eine sozial-emotional positive Entwicklung von Kindern und Jugendlichen fördern helfen und Pädagogen bei diesem Ziel als konkrete Arbeitshilfen dienen können. Die Grundlage jedes pädagogischen Handelns ist immer eine tragfähige Beziehung zwischen Pädagogen und zu erziehenden jungen Menschen, die von Authentizität, Respekt und Akzeptanz im Miteinander bestimmt ist. Jene Ideale einer humanistischen Pädagogik (Rogers 1977; Tausch/Tausch 1977; Cohn 1975) in Balance mit umsetzbarem pragmatischen pädagogischen Handeln *und* dessen kritischer Reflexion zu bringen, ist das anzustrebende Ziel.

Das Buch ist insgesamt in fünf inhaltliche Kapitel gegliedert. Nach der Einleitung erfolgt in den Kapiteln eins und zwei ein fundierter Überblick über die theoretischen und empirischen Grundlagen präventiven Handelns auf der Basis der Darstellung entwicklungspsychologischer Erkenntnisse, zentraler Entwicklungsaufgaben sowie abgesicherter Risiko- und Schutzfaktoren im Kindes- und Jugendalter. In einem weiteren Schritt werden zentrale Erkenntnisse über das Phänomen »Gefühls- und Verhaltensstörungen« sowie die verschiedenen Formen und Modelle der Prävention und ihre Wirksamkeit näher dargestellt.

In den Kapiteln drei bis vier erfolgt ein systematischer multimodaler Überblick über wirksame Präventionsmaßnahmen für das Kindes- und Jugendalter auf den verschiedenen Präventionsebenen sowie über unterschiedliche Formen der Prävention. Darüber hinaus wird die Bedeutung einer engen und tragfähigen Vernetzung der Hilfen der Erziehung für das Schulsystem im Sinne einer präventiven Schule skizziert. Neben evidenzbasierten kindzentrierten Programmen und Maßnahmen, in denen einem effektiven Classroom Management eine besondere Bedeutung zukommt, werden auch beispielhaft Programme für die Ebene »Lehrer« und »Eltern« als wichtige Präventionsmöglichkeiten vorgestellt.

Das Buch schließt mit schulkonzeptionellen und schulpolitischen Bausteinen präventiven Handelns in einem inklusiven Bildungssystem.

Köln, Oktober 2016
Thomas Hennemann, Dennis Hövel, Gino Casale,
Tobias Hagen & Klaus Fitting-Dahlmann

1

Emotionale und soziale Entwicklung im Kindes- und Jugendalter

In diesem Kapitel werden wichtige entwicklungspsychologische Grundsteine für ein effektives, präventives Handeln im Kindes- und Jugendalter dargestellt. Eine enge Orientierung an den Erkenntnissen der Entwicklungspsychologie, den Ergebnissen der Resilienzforschung sowie der Theorie der sozial-kognitiven Informationsverarbeitung bildet dabei die theoretische Basis für die präventive Förderung emotional-sozialer Kompetenzen im Kindes- und Jugendalter.

1.1 Emotionale und soziale Kompetenzen

Für die nähere Auseinandersetzung mit den Konstrukten sozialer und emotionaler Kompetenzen ist es erforderlich, sich die Definitionsversuche dieser zu vergegenwärtigen.

Soziale Kompetenz bezeichnet die Fähigkeit, in sozialen Situationen persönliche Ziele zu erreichen und gleichzeitig positive Beziehungen zu anderen aufrechtzuerhalten (Siegler et al. 2008).

Als emotionale Kompetenzen werden die Fähigkeiten bezeichnet, die in sozialen Interaktionen mit emotionaler Priorität dazu beitragen, ein erwünschtes Ergebnis zu erreichen (Saarni 2002).

Betrachtet man vor diesem Hintergrund, unterschiedliches Verhalten von Menschen, so lässt sich mit Hilfe dieser Definitionen eine Aussage über deren soziale Kompetenz formulieren:

Ein Mensch, der ausschließlich an der Umsetzung eigener Ziele arbeitet und dabei die Ziele und Bedürfnisse anderer Menschen ignoriert bzw. diesen sogar entgegenwirkt, zeigt kein sozial kompetentes Verhalten. Ein Mensch, der stets bedacht ist, die Ziele anderer Menschen wahrzunehmen und zu verwirklichen und dabei seine eigenen Ziele und Bedarfe nicht berücksichtigt, zeigt ebenfalls kein sozial kompetentes Verhalten. Dagegen kann man nach diesen Definitionen einem Menschen, der sich z. B. aufgrund einer ausgeprägten Religiosität stark für andere Menschen engagiert, soziale Kompetenzen zuschreiben. Das eigene Handlungsziel wäre in diesem Fall der Einsatz für andere Menschen, sodass sowohl die eigenen als auch fremde Ziele berücksichtigt werden.

Sozial kompetentes Verhalten ist jedoch nur auf der Basis einer stabilen Emotionalität möglich. Bei Menschen mit einem geringen Selbstwert, mit ausgeprägten Ängsten, aber auch unter dem Einfluss von Wut, Trauer oder anderen Emotionen gerät die eben beschriebene doppelte Zielpassung in den Hintergrund und es wird häufig nur eine Dimension (die eigene oder die der anderen) berücksichtigt.

Unterschiedliche Modelle dieser Kompetenzen sollen im Folgenden beschrieben und deren Entwicklung aufgezeigt werden, um die

Relevanz und Funktion jener Kompetenzbereiche für die Ausgestaltung menschlichen Verhaltens zu verdeutlichen.

1.1.1 Die Bedeutung der Emotionen und Modelle emotionaler Kompetenz

Die Entwicklungsbereiche emotionaler und sozialer Kompetenzen sind in vielfältiger Weise miteinander verknüpft und bedingen sich in ihrer Entwicklung gegenseitig (Petermann/Wiedebusch 2008). Emotionen gestalten zwischenmenschliche Interaktion. Menschen lassen sich dabei von sozialen Emotionen in ihrem Erleben, Denken und Handeln maßgeblich leiten:

»Die Funktion von Emotionen ist es, die eigenen Handlungsziele, -ergebnisse und -folgen und ihren situativen Kontext in ihrer Beziehung zum Grad der Befriedigung der eigenen Motive sicherzustellen (Frijda, 1986, S. 465 f nach Holodynski 2006). […] Emotionen regulieren demnach die Handlungen einer Person in ihren motivrelevanten Aspekten, womit sie eine äußerst komplexe Funktion in der menschlichen Tätigkeitsregulation übernehmen (Holodynski/Friedlmeier 2006, S. 41).«

Eine Emotion besteht aus einer objektiven und einer subjektiven Ebene. Objektiv sind der Ausdruck und die körperlichen Komponenten (Gesichtsausdruck, Körperspannung, Herzklopfen usw.), die sich bei einer Emotion ergeben. Subjektiv ist das Gefühl, wie ein Individuum eine Emotion erlebt (Holodynski/Friedlmeier 2006). Beide Aspekte einer Emotion sind für die Gestaltung zwischenmenschlicher Interaktion von zentraler Bedeutung. Für die kindliche Entwicklung haben Abe und Izard (1999) die Funktionen von Emotionen wie folgt zusammengefasst:

- Emotionen fördern soziale Interaktion.
- Emotionen bringen Kinder dazu, über die eigenen Erwartungen und Verhaltensweisen nachzudenken und diese gegebenenfalls neu zu bewerten.

- Emotionen fördern die Vorstellung von Kindern über die Kontextabhängigkeit von Gefühlen. (Kullik/Petermann 2012)

Denham (1998) formuliert in ihrem »Konzept der emotionalen Kompetenz« insgesamt neun Fähigkeiten, welche in die drei Kategorien Emotionsausdruck, Emotionsverständnis und Emotionsregulation eingeordnet sind. Dieses Modell legt einen starken Fokus auf die Entwicklung und stellt heraus, dass sich die einzelnen Fertigkeiten in den drei Bereichen im Laufe von mehreren Jahren ausbilden können. So kann es sein, dass bei einem Kind einige Schlüsselfertigkeiten bereits vorliegen, andere hingegen noch nicht (Petermann/Wiedebusch 2008).

Das Modell der »Schüsselfertigkeiten emotionaler Kompetenz« von Saarni (1999) knüpft an den Entwicklungsgedanken an und betont die Entwicklung der einzelnen Fertigkeiten, welche von familiären und kulturellen Interaktion geprägt sind. Saarni formuliert insgesamt acht emotionale Schlüsselfertigkeiten:

1. Die eigenen Emotionen wahrnehmen
2. Emotionen anderer wahrnehmen und verstehen
3. Die Fähigkeit zur Kommunikation über Emotionen
4. Empathie
5. Die Fähigkeit zur Trennung zwischen Emotionsausdruck und Emotionsempfindung
6. Adaptive Emotionsregulationsstrategien
7. Bewusstsein der emotionalen Kommunikation in sozialen Beziehungen
8. Die Fähigkeit zur Selbstwirksamkeit

Diese sind jedoch nicht theoriegeleitet zusammengestellt, sondern auf Grundlage empirischer Untersuchungen entwickelt worden. In diesem Zusammenhang besteht die Möglichkeit der Ergänzung weiterer Fertigkeiten und der Bedarf, die einzelnen Komponenten in eine hierarchische Struktur zu bringen (Petermann/Petermann 2008; Saarni 2002).

Ein erster Entwurf, der versucht, die einzelnen Komponenten in eine hierarchische Struktur der Entwicklung zu bringen, ist das Konzept des Emotionswissens (Pons et al. 2004). Die hier benannten Fertigkeiten sind chronologisch nach der Reihenfolge der Entwicklung angeordnet:

1. Mimik: Erkennen und Benennen von verschiedenen Emotionsausdrücken anhand der Mimik.
2. Anlässe: Zuordnung einer Emotion zu einem konkreten Anlass/einer bestimmten Situation.
3. Wünsche: Erwartungen und Wünsche werden als Emotionsauslöser verstanden.
4. Emotionsperspektive – ToM (Theory of Mind): Fähigkeit zur emotionalen Perspektivübernahme in die Gefühle anderer.
5. Erinnerung: Verständnis dafür, dass abgespeicherte Erinnerungen erneut Emotionen auslösen können.
6. Regulation: Die Fähigkeit, das eigene emotionale Befinden zu beeinflussen.
7. Verbergen von Emotion: Die Fähigkeit, die eigenen Emotionen zu verbergen.
8. Multiple Emotionen: Verständnis dafür, dass man mehrere Emotionen gleichzeitig haben kann.
9. Gewissen: Verständnis für Emotionen, die sich aus dem sozialen Kontext ergeben.

Die Komponenten bauen teilweise aufeinander auf und lassen sich in drei verschiedene Phasen unterteilen: externale, mentale und reflexive Aspekte von Emotion. Das Wissen über die ersten Komponenten entwickelt sich bereits im Kindergartenalter, die letzten Komponenten frühestens in der späten Grundschulzeit (Janke 2008). Die Entwicklung des jeweiligen Emotionswissens vollzieht sich jedoch nicht dergestalt, dass ein bestimmter Entwicklungsschritt erst vollständig abgeschlossen sein muss, bevor Merkmale einer höheren Entwicklungsstufe überhaupt beginnen können sich auszuprägen. Vielmehr findet im Zuge des Voranschreitens ebenfalls ein kontinuierlicher weiterer Ausbau der davorliegenden Niveaus statt. Während durch erworbene Fertigkeiten neue Entwicklungen angestoßen werden, können sich gleichzeitig die Fertigkeiten im vorausgehenden Bereich noch intensivieren. Zum Beispiel ist die Fähigkeit zur Emotionsregulation die notwendige Bedingung dafür, die eigenen Emotionen verbergen zu können. Während sich, initialisiert durch Kompetenzen in der Emotionsregulation, die Fertigkeit zum Verbergen von Gefühlen ausbildet, entwickelt sich die Emotionsregulation selbst ebenfalls noch weiter. Für die neun Bereiche des Emotionswissen von Pons et al. (2004) konnte, insbesondere im deutschsprachigen Raum, ein sich chronologisch vollziehender Fortschritt in den einzelnen Komponenten über die Entwicklungsspanne der Kindheit nachgewiesen werden (Janke 2008).

Die Verflechtung zwischen emotionaler und sozialer Kompetenz ist Kerngedanke des »Konzeptes affektiver sozialer Kompetenzen« (Halberstadt et al. 2001). Es betont vor allem das Einsatzgebiet der beschriebenen Kompetenzen, die soziale Interaktion:

- Senden emotionaler Botschaften
  Kompetente Kinder wissen, wann sie in einer sozialen Situation emotionale Botschaften senden müssen. Sie identifizieren und senden situationsangemessene Botschaften auf klare und prägnante Weise. Außerdem treffen sie angemessene Entscheidungen darüber, was sie kommunizieren und was nicht.
- Empfangen emotionaler Botschaften
  Kompetente Kinder wissen, wann sie in einer sozialen Situation emotionale Botschaften empfangen. Sie können die Botschaften anderer angemessen identifizieren und interpretieren. Emotionale Botschaften werden nicht verwechselt und müssen nicht wiederholt werden. Außerdem treffen sie klare Entscheidungen darüber, ob sie wahre oder falsche Signale empfangen.
- Erleben von Gefühlen
  Kompetente Kinder wissen, wann sie in einer sozialen Situation Gefühle erleben. Sie können ihre emotionalen Erfahrungen er-

kennen und richtig interpretieren. Außerdem können sie angemessene Entscheidungen darüber treffen, ob sie ihre emotionalen Erlebnisse im Hinblick auf das Ziel der sozialen Interaktion abschwächen, zurückhalten oder verstärken müssen.

Die enge Beziehung zwischen emotionalen und sozialen Fertigkeiten, wie sie in dem Modell von Halberstadt et al. (2001) zum Ausdruck kommen, ist ein zentrales Merkmal dieser Kompetenzen. Das Erkennen von Emotionen stellt im Rahmen emotionaler und sozialer Kompetenzen eine wesentliche Basisfertigkeit dar (Izard 1994). Sie bildet die Voraussetzung für das Emotionsverständnis (Denham 1998), welches wiederum das Fundament für die interpersonelle Fähigkeit zur Emotionsregulation ist (Grob et al. 2009). Das Anwenden von adäquaten Emotionsregulationsstrategien bildet seinerseits die Basis für ein sozial kompetentes Handeln, trägt im Allgemeinen zur psychischen Gesundheit bei und schützt vor psychischen Störungen (Petermann/Barnow 2013). Die Fähigkeit zur selbstständigen Regulation von Emotionen ist daher eine der wichtigsten Entwicklungsaufgaben (ebd.).

1.1.2 Modelle sozialer Kompetenz

Im Kontext der beschriebenen Komponenten emotionaler Kompetenz ist es vor diesem Hintergrund nicht verwunderlich, dass aktuelle Modelle sozialer Kompetenz emotionale Aspekte integrieren. Sozial kompetentes Verhalten vollzieht sich in der Wechselwirkung zwischen kognitiven sozialen Kompetenzen, emotionalen sozialen Kompetenzen und aktionalen sozialen Kompetenzen (Döpfner 1989). Auf der Ebene der *kognitiven sozialen Kompetenz* bedarf es hiernach einer effektiven sozialen Informationsverarbeitung sowie einer guten Einschätzung und Antizipation der für die Interaktion relevanten Faktoren sowohl in einer Person selbst als auch in deren Umwelt. Auf der zweiten Ebene, der *emotionalen sozialen Kompetenz,* werden Fähigkeiten benötigt, um für die Situation angemessene Gefühle entwickeln zu können. Die letzte Ebene der *aktionalen sozialen Kompetenzen* bezieht sich schließlich auf das Repertoire verbaler und nonverbaler Verhaltensfertigkeiten und deren angemessene Kombination bei der Ausführung von Verhalten.

Ebenfalls in einem engen Zusammenhang mit emotionalen Fähigkeiten und Fertigkeiten stellt sich das Pyramidenmodell sozialer Kompetenz von Rose-Krasnor (1997) dar (Abb. 1). Sie fasst soziale Kompetenz als Effektivität in sozialen Interaktionen auf. Das Fundament (*Skills Level*) dieses Modells stellen die emotionalen und kognitiven Fertigkeiten einer Person dar, die dieser kontextübergreifend zur Verfügung stehen. Auf der zweiten Ebene (*Index Level*) werden die Fertigkeiten der ersten Ebene in verschiedene Kontexte eingebunden. Diese Ebene veranschaulicht, dass zielerreichendes Verhalten sowohl durch die Anpassung der eigenen Person als auch durch die Anpassung des Gegenübers erreicht werden kann. In der Spitze (*Theoretical Level*) steht die soziale Kompetenz. Diese macht von den Ressourcen der unteren Ebenen Gebrauch, um Entwicklungsziele zu erreichen.

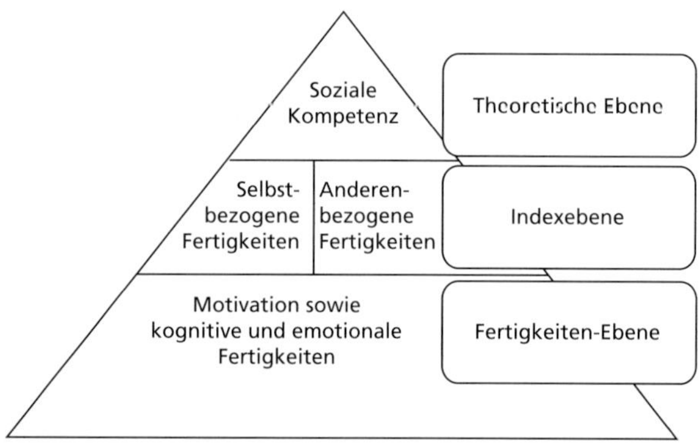

Abb. 1: Pyramidenmodell sozialer Kompetenz (Rose-Krasnor 1997, zit. n. Salisch 2002)

Die angeführten Modelle zeigen den engen Zusammenhang emotionaler und sozialer Kompetenzen. Zusammenfassend lässt sich hinsichtlich einer begrifflichen Bestimmung sozialer Kompetenz und sozial kompetenten Verhaltens nach Kanning (2009) festhalten, dass soziale Kompetenz die »Gesamtheit des Wissens, der Fähigkeiten und Fertigkeiten einer Person [ist], welche die Qualität eigenen Sozialverhaltens – im Sinne sozial kompetenten Verhaltens – fördert« (ebd., S. 15). Hiervon ist die emotionale Kompetenz eine Teilmenge auf der Ebene der Fertigkeiten. Ziel all dieser Kompetenzen ist das sozial kompetente Verhalten, welches definiert ist als »Verhalten einer Person, das in einer spezifischen Situation dazu beiträgt, die eigenen Ziele zu verwirklichen, wobei gleichzeitig die soziale Akzeptanz des Verhaltens gewahrt wird« (ebd.).

1.1.3 Entwicklung emotionaler und sozialer Kompetenzen

Um die komplexen Wirkungsweisen der Emotionen besser verstehen zu können, werden menschliche Gefühle in zwei Bereiche kategorisiert: die Basisemotionen (auch Grundemotionen genannt) und die Sekundäremotionen, die auch als komplexe Emotionen oder selbstbezogene Emotionen bezeichnet werden.

Die *Basisemotionen* sind universell und kulturübergreifend bei Menschen und auch im Tierreich, z. B. bei Primaten, zu beobachten und dienen der Handlungsleitung (Berk 2011). Zu diesen Basisemotionen zählen Freude, Ärger/Wut, Trauer und Angst. Einige Autoreninnen und Autoren zählen zu den Basisemotionen auch noch Interesse, Überraschung und Ekel (Petermann/Wiedebusch 2008); diese Gefühle sind allerdings nicht eindeutig in allen Kulturkreisen zu identifizieren, sodass die Identifikation stark davon abhängt, ob der Beobachtete und der Beobachter aus demselben Kulturkreis stammen (Berk 2011; Grammer/Eibl-Eibesfeldt 1993). Von Geburt an verfügt das Neugeborene bereits über Vorläuferemotionen, die sich innerhalb der typischen kindlichen Entwicklung durch eine interpersonale Regulation dieser Gefühle durch die Bezugspersonen während der ersten sechs Lebensmonate zu den vier Basisemotionen ausdifferenzieren (Holodynski/Friedlmeier 2006, S. 120).

Die *Sekundäremotionen* sind selbstbezogene, komplexe Emotionen, die das Erkennen der eigenen Person als körperlich eigenständiges Wesen voraussetzen (Berk 2011, S. 249; 275). Zu diesen komplexen Emotionen zählen Schuldbewusstsein, Scham, Verlegenheit, Neid, Stolz und auch Empathie, die sich zwischen dem 18. und 24. Lebensmonat ausbilden (Saarni et al. 2006; Berk 2011). Die primäre Funktion von Emotionen – die Handlungsanleitung – wird durch die sekundären Emotionen um den Aspekt der Selbstbezogenheit ergänzt, indem sie Einfluss auf die Steigerung oder Verletzung des Selbstwertgefühls haben (Berk 2011). Anders als die Basisemotionen, die auch durch leblose Gegenstände außerhalb einer sozialen Interaktion hervorgerufen werden können, treten selbstbezogene Emotionen nur innerhalb einer sozialen Interaktion auf. Die Ausdifferenzierung und der Wissenserwerb über diese sozialen Emotionen vollziehen sich über einen langen Zeitraum in der kindlichen Entwicklung. Große Entwicklungsfortschritte vollziehen sich vor allem in den Übergängen vom häuslichen Umfeld in den Kindergarten, vom Kindergarten in die Grundschule und von der Grundschule in die weiterführende Schule (z. B. Janke 2008; 2007). Merkmal dieser Transitionen ist der Anstieg der sozialen Komplexität und die damit einhergehende Erhöhung der Bandbreite sozialer Emotionen.

Die emotionale Entwicklung eines Menschen verläuft nach Holodynski (2006) insgesamt in drei großen Phasen:

1. Die Phase der Vorläuferemotionen eines Neugeborenen,
2. die Phase der Entstehung von funktionstüchtigen – im Sinne der Definition – Emotionen und
3. die Phase der Entstehung der intrapersonalen Regulation (d. h. der selbstständigen Regulation von Emotionen und Handlungen).

Über den Entwicklungsverlauf hin nehmen die Anzahl an Emotionen zu und die Häufigkeit und Intensität ab. Zudem lernen Kinder, dass sie nicht nur von Gefühlen gelenkt werden, sondern auch selbst in der Lage sind, Emotionen zu lenken (ebd.). Hierauf bezogene Kompetenzen, wie beispielsweise bei Saarni (1999) aufgelistet, bilden sich im Laufe der Kindheit aus und elaborieren sich im weiteren Entwicklungsverlauf. Die Präzision der einzelnen Kompetenzen nimmt zu, sie können in immer mehr und unterschiedlichen Kontexten abgerufen werden. Während beispielsweise eine Perspektivübernahme im Altersbereich von drei bis vier Jahren nur in ca. einem Drittel der sozialen Interaktionen gelingt, so kann diese Fähigkeit im Alter von neun bis zehn Jahren schon in ca. 90 % der Fälle aufgerufen werden. Große Entwicklungsschritte vollziehen Kinder in ihren Fähigkeiten zur Emotionsregulation und zum Verbergen von Emotionen in einem Alter zwischen sechs und sieben Jahren, d. h. mit dem Schuleintritt. Die Kompetenzen, gemischte Emotionen zu verstehen und Sekundäremotionen in die soziale Interaktion mit einzubeziehen, sind Entwicklungsaufgaben, die sich bis ins Jugendalter hinziehen (Janke 2008).

1.1.4 Die Entwicklung der Emotionsregulation

Um die Entwicklung der Emotionsregulation nachzuzeichnen, ist es wichtig, das Konstrukt selbst zunächst greifbar zu machen. Man könnte davon ausgehen, dass die Generierung von Emotion und die Emotionsregulation zwei unterschiedliche Prozesse sind: Erst tritt die Emotion auf und dann der Prozess, der die Regulation imitiert. Das Problem dieses Zwei-Faktoren-Ansatzes ist jedoch, dass Emotionen nur selten bis gar nicht in Reinform und im unregulierten Zustand auftreten (Campos et al. 2004; Kullik/Petermann 2012). Emotionen leiten Handlungen an und regulieren diese; jedoch regulieren Handlungen auch ihrerseits Gefühle und verstärken bzw. mindern deren Intensität (Holodynski et al. 2013). Demzufolge ist es notwendig, beide Konstrukte gemeinsam zu betrachten. Emotionen und Emotionsregulation sind gleichzeitig ablaufende Prozesse, die sich gegenseitig fördern:

Emotionen beziehen sich auf Prozesse, welche die persönliche Bedeutsamkeit eines Ereignisses registrieren.

Emotionsregulation bezieht sich auf die Modifikation dieser Prozesse im System menschlichen Verhaltens und Erlebens, die die Emotionen generiert oder sie im Verhalten manifestiert (Campos et al. 2004; Kullik/Petermann 2012). Emotionsregulation kann in diesem Verständnis auch bereits als Mechanismus verstanden werden, der Emotionen steuert, bevor sie im Detail ausgebildet werden.

Unter Einbezug dieser Erkenntnisse definieren Kullik und Petermann (2012) Emotionsregulation wie folgt:

»Bei der Emotionsregulation werden spezifische Strategien eingesetzt, um positive oder negative Emotionen und daraus resultierende Verhaltensweisen, soziale Kontakte oder physiologische Zustände zu regulieren. Dies kann external oder internal, willentlich oder automatisch stattfinden. Die Regulation erfolgt in Form von Initiierung, Beibehaltung, Hemmung oder Modulation einer Emotion und ihrer Begleiterscheinungen und kann auf jeden emotionalen Zustand bezogen stattfinden. Sie ist auf ein Ziel ausgerichtet und bezieht sich auf die Form, Intensität, den Ausdruck oder die Dauer eines emotionalen Zustandes« (Kullik/Petermann 2012, S. 25).

In dieser Definition werden mehrere Formen der Handlungsregulation berücksichtigt. Abzugrenzen ist die Emotionsregulation jedoch erst einmal von der *emotionalen Regulation von Handlungen,* d. h. nicht seine Emotionen zu regulieren, um zielführend handlungsfähig zu bleiben bzw. zu werden, sondern mit Hilfe von Gefühlen eine emotionsspezifische Handlungsbereitschaft zu erzeugen (Holodynski et al. 2013). Innerhalb des *Konstrukts der Emotionsregulation,* das sich auf die Regulierung der aus Emotionen resultierenden Verhaltensweisen, sozialen Kontakte oder physiologischen Zustände bezieht, sind wiederum drei Strategiebereiche zu unterscheiden:

- *reflexive Emotionsregulationsstrategien,* die mit Hilfe willentlich eingesetzter exekutiver Funktionen umgesetzt werden (mentale und kognitive Prozesse zur Steuer- und Kontrollfunktion von Verhalten und Aufmerksamkeit. Siehe zur genaueren Definition z. B. Seitz-Stein et al. 2012, S. 5 f.),

- *volitionale Regulationen von Handlungen*, durch die Antizipation von Zielen und die dafür benötigten Handlungen planen und
- *habituelle Regulationen von Handlungen*, welche durch erlernte Handlungs-Ziel-Verknüpfungen, die als Schemata zur Verfügung stehen, eine automatisierte Regulation ermöglichen (Seitz-Stein et al. 2012, S. 198 f.).

Vergegenwärtigt man sich bei diesen Regulationsbereichen die »Informationsverarbeitung«, ergibt sich für die Entwicklung von Regulationsstrategien ein wechselseitiger Zusammenhang: Ein differenziertes Repertoire an Routinen bzw. Schemata der habituellen Regulationen macht die ersten beiden Bereiche überflüssig, da die abgespeicherten Schemata in der konkreten Situation unmittelbar zur Verfügung stehen und eine zielhinderliche emotionale Priorität erst gar nicht aufkommt (ebd.). Reflexive und volitionale Regulationen haben große Gemeinsamkeiten (Gross/Thompson 2007). Beide setzen im Sinne der Antizipation von Zielen und Handlungsoptionen und unter Berücksichtigung der emotionalen Reaktionen ein kognitives »Modellieren« eines Problems im Arbeitsgedächtnis voraus. Hierbei kann jedoch im Rahmen der volitionalen Regulation so vorrausschauend geplant werden, dass es erst gar nicht zu einer zielhinderlichen emotionalen Reaktion kommt (Holodynski et al. 2013).

Zusammenfassend kann festgestellt werden: Ein häufiger Umgang mit reflexiven Regulationen stößt die Entwicklung von volitionalen Regulationen an. Der Einsatz reflexiver und volitionaler Regulationen ermöglicht die Ausbildung habitueller Regulationen im Sinne der Bildung sozialer Schemata (Aronson et al. 2004).

Den »Auftakt« der Entwicklung von Emotionsregulation bildet in diesem Kontext die *reflexive Regulation*. Anlässe, in denen Kinder reflexive Emotionsregulation einsetzen können und müssen, sind:

- Der Aufschub der Motivbefriedigung,
- Die Anpassung des Emotionsausdrucks an kulturelle Darbietungsformen und
- Etwaige Motivkonflikte (Holodynski et al. 2013).

Um Emotionen zugunsten eines übergeordneten Ziels willentlich regulieren zu können, sind folgende Voraussetzungen erforderlich:

- Ein Repertoire an Regulationsstrategien wie z. B. Ablenkung, Umdeutung, Änderung der situativen Bedingungen usw.
- Die Fähigkeit, Sprache als Mittel der psychologischen Distanzierung zu nutzen; Sprache zur Repräsentation von Anlässen, Ausdrucks- und Erlebensmustern, Konsequenzen von Emotionen und deren Regulation sowie zur Selbstpräsentation einsetzen zu können)
- Die Fähigkeit, mental auf Zeitreise zu gehen, sich zukünftige motivbefriedigende Situationen willentlich vorzustellen
- Die Fähigkeit, exekutive Funktionen auf die eigenen Emotionen anwenden zu können, d. h. einen Handlungsimpuls willentlich zu hemmen, um eine subdominante, aber zielführende Handlung auszuführen (Holodynski et al. 2013, S. 199 f.). Ein Beispiel für einen dominanten Handlungsimpuls wäre die Begierde auf etwas Süßes beim Erblicken und/oder Riechen des selbigen. Subdominate Ziele in diesem Kontext wären dann z. B. das Durchhalten einer Diät.

Diese vier erforderlichen Fähigkeiten entwickeln sich in ihren Grundzügen bereits in der frühen Kindheit zwischen dem dritten und sechsten Lebensjahr und werden in der weiteren Entwicklung immer weiter ausgeprägt (ebd.). Der Entwicklungsverlauf verläuft hierbei auf zwei Achsen: Auf der einen Achse vollzieht sich eine Entwicklung von einer interpersonalen Regulation, d. h. mit Hilfe der Bezugsperson, hin zu einer intrapersonalen Regulation, die das Kind eigenständig umsetzen kann. Auf der zweiten Achse bilden sich zuerst physische Strategien aus, wie z. B. das Entfernen eines emotionsauslösenden Reizes durch die Bezugsperson, zu denen dann immer mehr mentale Strategien hinzukommen, wie z. B. in einer emotional belastenden Interaktion an etwas Schönes zu denken.

Ein Überblick über mögliche Strategien der reflexiven Emotionsregulation findet sich nachfolgender Tabelle:

Tab. 1: Strategien der reflexiven Emotionsregulation und deren Initiator (Holodynski/Friedlmeier 2006, S. 136)

	Initiator der Emotionsregulation		
Art der Strategie	**Bezugsperson (BP) initiiert interpersonale Regulation für das Kind**	**Kind initiiert interpersonale Regulation durch Bezugsperson (BP)**	**Kind initiiert intrapersonale Regulation**
Verhaltensstrategien (physisch)			
Beruhigung	Wiegen, Streicheln, Körperkontakt durch die BP	Kind sucht Nähe der BP, um sich beruhigen zu lassen	Kind beruhigt sich selbst durch Handlungen wie Saugen, Streicheln, sich Einkuscheln
Lenkung der Aufmerksamkeit	Aufmerksamkeit auf anderes Objekt lenken	Kind fordert BP zu einem Spiel auf	Blickabwendung von der Erregungsquelle, Kind wendet sich anderen Objekten zu, geht spielen
Flucht, Rückzug	BP nimmt Kind aus der Situation	Kind appelliert an BP, es aus der Situation zu nehmen	Kind flieht aus der Situation, auch sozialer Rückzug
Symbolische Strategien (mental)			
Beruhigung, Trost	Verbaler Trost und Beruhigung	Verbale Aufforderung an BP zu trösten	Kind beruhigt sich durch (positive) Selbstinstruktion
Lenkung der Aufmerksamkeit	Über ein anderes Thema sprechen	Kind wechselt das Thema, stellt Fragen zu einem anderem Thema	Kind lenkt sich gedanklich ab, z. B. denkt an etwas Schönes
Umdeuten (z. B. Bagatellisieren, Abwärtsvergleich, Schuldabwehr, Leugnung)	Umdeuten der Emotionsepisoden, eine plausible Erklärung geben	Kind stellt BP Fragen zur Emotionsepisode, sucht nach Erklärungen, initiiert Rollenspiel	Eigene Umdeutung der Emotionsepisode in Rollenspielen und Gedanken

Tab. 1: Strategien der reflexiven Emotionsregulation und deren Initiator (Holodynski/Friedlmeier 2006, S. 136) – Fortsetzung

	Initiator der Emotionsregulation		
Art der Strategie	**Bezugsperson (BP) initiiert interpersonale Regulation für das Kind**	**Kind initiiert interpersonale Regulation durch Bezugsperson (BP)**	**Kind initiiert intrapersonale Regulation**
Zeitliche Hierarchisieren von Motiven	Eltern vertrösten Befriedigung der kindlichen Motive auf einen späteren Zeitpunkt	Kind appelliert an BP, Befriedigung seiner Motive zu versprechen	Kind stellt sich Befriedigung des Motivs zu einem späteren Zeitpunkt vor
Antezendente Strategien			
Aufsuchen	Positive Emotionsepisoden herstellen	Kind fordert BP auf, positive Episoden herzustellen	Kind sucht positive Emotionsepisoden auf
Vermeiden	BP bewahrt das Kind vor potenziell negativen Emotionsepisoden	Kind fragt BP bezüglich negativer Valenz von Situationen	Kind meidet negative Emotionsepisoden
Diskurs über Regulation von Emotionen	BP spricht mit Kind über Emotionen und deren Regulation	Kind fragt BP über Emotionen und ihre Regulation	Gedankliche Auseinandersetzung über potentielle Emotionsepisoden

Die *Lenkung der Aufmerksamkeit* ist die erste Strategie, die Kinder in eigener Initiative einsetzen können. Kinder zwischen ein bis drei Jahren können zwar selbst die Emotionsregulation durch Ablenkungsstrategien umsetzen, benötigen hierfür allerdings noch die Anwesenheit einer Bezugsperson (Holodynski et al. 2013).

Die *Umdeutung einer Situation* durch die Fähigkeit der psychologischen Distanzierung entwickelt sich zwischen dem dritten und sechsten Lebensjahr. Voraussetzungen hierfür sind die sprachliche Repräsentation von Emotionswissen (siehe oben) sowie sprachliche Fertigkeiten im Allgemeinen. Empirische Studien zeigen eine positive Korrelation zwischen Regulations- und Sprachfähigkeiten. Die Steuerungsfunktion der Sprache für Handlungen (Selbstinstruktion) entwickelt sich ebenfalls zwischen dem dritten und sechsten Lebensjahr. Kinder lernen bereits zwischen dem zweiten und sechsten Lebensjahr, Sprache zur Umdeutung von Situationen zu nutzen (Holodynski et al. 2013).

Mental auf Zeitreise gehen. Diese Fähigkeit entwickelt sich ebenfalls zwischen dem dritten und sechsten Lebensjahr und ist die notwendige Voraussetzung, sich zeitlich widersprechende Motive in ein geordnetes Nacheinander zu hierarchisieren (ebd.).

Die Fähigkeit zur *Kontrolle des Emotionsausdrucks* entwickelt sich ab dem vierten bis zum achten Lebensjahr.

Der Überblick der unterschiedlichen Strategiebereiche macht deutlich, dass bestimmte Strategien für gewisse Situationen und Emotionen nützlich und anwendbar sind, für andere hingegen nicht (Grob/Smolenski 2009). Ziel einer für das Kind förderlichen Entwicklung ist daher die Ausbildung eines breiten Spektrums an reflexiven und volitionalen Regulationstrategien. In der Psychologie spricht man hierbei von *adaptiven Strategien*, d.h. Strategien, die das eigene Verhalten für das Erreichen von Zielen anpassen. Testverfahren, die entsprechende Kompetenzen erheben, gruppieren diese Strategien in die Bereiche problemorientiertes Verhalten, Zerstreuung, Stimmung anheben, Akzeptieren, Vergessen, kognitives Problemlösen und Umbewertung (Holodynski et al. 2013).

Auf der erwünschten Entwicklungsseite kommen zudem weitere Strategien wie soziale Unterstützung, Emotionsausdruck und Emotionskontrolle hinzu. Darüber hinaus bewirkt eine positive Entwicklung einen Abbau an *maladaptiven Strategien*, d.h. Strategien, die keine Veränderung des Verhaltens nach sich ziehen. Hierzu zählen: Aufgeben, Aggressives Verhalten, Rückzug, Selbstabwertung und Perseveration (hierunter versteht man ein krankhaftes Beharren oder Haftenbleiben an Vorstellungen bzw. ein beharrliches Wiederholen von Bewegungen oder Wörtern auch in unpassendem Zusammenhängen) (ebd.).

Nachdem die Bedeutung der Emotionen für die Entwicklung im Kindes- und Jugendalter und Modelle emotionaler Kompetenz vorgestellt wurden, werden im weiteren Verlauf die daraus resultierenden Entwicklungsaufgaben in Kindheit und Jugend abgeleitet.

1.2 Entwicklung im Kindes- und Jugendalter

1.2.1 Entwicklungsaufgaben in der Kindheit und im Jugendalter

Grundsätzlich lassen sich die bedeutsamen Übergänge (Transitionen) in der Entwicklung von Kindern und Jugendlichen, später auch im Erwachsenenalter, immer als Prozesse mit offenem Ausgang betrachten: Ein jeder ist mit spezifischen Risiken, aber auch mit beachtenswerten Chancen verbunden. Die Transition vom Kindergarten in die Grundschule sowie von der Grundschule in die Sekundarstufe stellen solche Übergänge dar, die von den meisten der Kinder ohne größere Probleme bewältigt werden. Eine erfolgreiche Bewältigung eröffnet Perspektiven und trägt zur positiven Weiterentwicklung des heranwachsenden Kindes bei. Allerdings gelingt es nicht allen Kindern, die neue Situation effektiv zu bewältigen. Nicht selten wird der Übergang in die Primar- und später in die Sekundarstufe I als Bruch oder als »Diskontinuität im Lebenslauf« (Büchner/Koch 2001, S. 15) wahrgenommen, schließlich stellt er die Kinder vor spezifische Herausforderungen und umfassende Neuorientierungen. Ungünstige Rahmenbedingungen wie fehlende emotional-soziale, sprachliche und kognitive Kompetenzen, aber auch die mangelnde Unterstützung durch das Elternhaus, ein schlechtes Transitionsmanagement zwischen den Einrichtungen Kindergarten – Grundschule – weiterführende Schule und nicht zuletzt die fehlende Unterstützung des Klassenlehrers in der neuen Institution stellen eine Phase erhöhter Vulnerabilität[1] dar, womit eine erhöhte Gefahr der Entwicklung oder Verfestigung psychischer Störungen besteht (Koglin/Petermann 2008; Fuhrer 2008).

Da die Bewältigung der anstehenden Transitionen den weiteren Entwicklungsverlauf des Kindes maßgeblich beeinflusst und besonders die frühen Übergänge einen prototypischen Charakter besitzen, liegt die Frage nach den Bedingungen für einen erfolgreichen Übergang nahe. Damit rücken die Ressourcen, über die das Kind und deren Umgebung verfügen müssen, in den Fokus der Betrachtungen. Um diese herleiten zu können, ist eine möglichst passgenaue und umfassende Analyse der Bedingungen nötig, die für die jeweilige Transition vorliegen. Hilfreich ist in diesem Zusammenhang, sich an entwicklungspsychologischen Befunden für diese Entwicklungsspannen zu orientieren, in denen die jeweiligen altersspezifischen Entwicklungsaufgaben und -risiken erfasst sind (Masten et al. 2006).

Entwicklungsaufgaben und -risiken im Alter von null bis drei Jahren. In dieser Phase werden vor allem die Grundlagen für eine Selbstregulation der körperlichen Prozesse, der Aufmerksamkeit und der eigenen Impulse gelegt. Emotionserleben, Gefühlsausdruck und das Sozialverhalten verändern und beeinflussen sich wechselseitig, was wiederum mit der Selbstregulation interagiert. Insgesamt vollzieht sich die Entwicklung hier in erster Linie durch die Mutter-Kind-Beziehung (Vonderlin/Pauen 2013). Eine enge Begleitung durch eine Bezugsperson, die Annäherung an und der Rückzug von emotionsauslösenden Reizen initialisiert die emotionale Entwicklung sowie die Ausbildung des prä-frontalen Cortex (Berk 2011). Ein gravierender Risikofaktor in diesem Entwicklungsabschnitt ist die geringe oder sogar fehlende Responsivität der Bezugsperson, welche beispielsweise durch eine depressive Erkrankung begründet sein kann (ebd., S. 246 ff.).

1 Der Begriff leitet sich aus dem Lateinischen ab und bedeutet so viel wie Verwundbarkeit oder Empfindlichkeit gegenüber belastenden Einflussfaktoren

Entwicklungsaufgaben und -risiken im Kindergartenalter. Der Übergang und damit auch die Lösung vom Elternhaus in den Kindergarten ist mit neuen Entwicklungsaufgaben für das Kind verbunden (Koglin/Petermann 2008, S. 82):

- »Sprachentwicklung,
- Selbstständigkeit in Alltagsanforderungen (z. B. alleine anziehen),
- Verbesserte Selbstregulation und Frustrationstoleranz,
- Intensive Fantasie- und Spieltätigkeit und
- Normen, Grenzen und Regeln akzeptieren und einhalten können,
- Soziale Integration in die Gleichaltrigengruppe.«

Die Gestaltung von sozialen Beziehungen zu Gleichaltrigen wird über das Spielen in drei Stufen gelernt:

- Nicht-soziales Spielen (alleine): Die Kinder spielen in räumlicher Nähe, ohne direkte Interaktion nebeneinander.
- Parallelspielen (ähnliche Materialien): Es wird sich z. B. in Bezug auf die Spielzeugwahl an den anderen orientiert, sodass ähnliches Spielen möglich ist, die Kinder spielen jedoch noch jedes für sich.
- Assoziatives Spielen (Austausch): In der dritten Stufe geschieht in einem ersten Schritt ein aktiver Austausch der Spielsachen, gefolgt von einem kooperativen Spielen mit gemeinsamen Zielen. (Berk 2011, S. 350).

Freundschaften bilden sich über gleiche Interessen, Spiele und räumliche Nähe. Aus diesen sozialen Interaktionen entstehen selbstbezogene Emotionen und das Selbstkonzept bildet sich aus (Berk 2011). Insgesamt werden in diesem Entwicklungsabschnitt die Basisemotionen Freude, Wut und Trauer schon sehr gut erkannt. Angst kann demgegenüber, insbesondere im Alter bis vier Jahre, kaum trennscharf wahrgenommen werden (Janke 2008).

Während es vielen Kindern ohne größere Probleme gelingt, die genannten Entwicklungsaufgaben mit Hilfe der Bezugspersonen Erzieher und Eltern zu bewältigen, kommt es bei anderen Kindern zu

Überforderungs- und Belastungssituationen bei der Bewältigung der Entwicklungsaufgaben. Nicht selten bedingt die nicht erfolgreiche Bewältigung der anstehenden Anforderungen die Entstehung von Gefühls- und Verhaltensstörungen, da wichtige Kompetenzen und Ressourcen nicht altersgemäß entwickelt werden können (Koglin/Petermann 2008). Eine zentrale Aufgabe liegt in der frühzeitigen präventiven Förderung von spezifischen Kompetenzen oder Vorläuferkompetenzen in den Bereichen Emotionalität, Soziabilität, Sprache und Kognition, um die Kinder mit erhöhten Risiken bei der erfolgreichen Bewältigung der Entwicklungsaufgaben sowie der Transition in die Grundschule gezielt zu unterstützen. Während die vorschulische Sprachförderung bereits erfreulicherweise weitverbreitete Anwendung erfährt, muss insbesondere eine gezielte emotional-soziale Kompetenzförderung zukünftig deutlich stärker und an evidenzbasierten Maßnahmen orientiert Einzug in die Kindergärten halten (Hennemann et al. 2010).

Entwicklungsaufgaben und -risiken im Grundschulalter: Die Transition in die Grundschule stellt das Kind vor anspruchsvolle Anforderungen im emotionalen, kognitiven und sozialen Bereich (Koglin/Petermann 2008, S. 83):

- »Lesen und Schreiben lernen,
- Grundfunktionen des Rechnens lernen,
- angemessenes Verhalten in der Schule zeigen,
- allgemeine Verhaltensregeln zu Hause, in der Schule und in der Öffentlichkeit befolgen,
- mit Gleichaltrigen in der Schule zurechtkommen und
- Freundschaften mit Gleichaltrigen schließen.«

Insbesondere bei der Transition in die Grundschule weisen viele Kinder Probleme bei der Bewältigung der geforderten Entwicklungsaufgaben auf, die sie mitunter nur mit erheblicher Unterstützung meistern können oder die wiederum ein bedeutsamer Prädiktor bei der Entstehung und Verstetigung von Gefühls- und

Verhaltensstörungen sind. Hair et al. (2006) untersuchten in ihrer Early Childhood Longitudinal Study ca. 17.000 Kindergartenkinder, um Kriterien für eine erfolgreiche Bewältigung der schulischen Anforderungen zu identifizieren. Neben sprachlichen Kompetenzen und der gesundheitlichen Entwicklung der Kinder wurden auch emotional-soziale Kompetenzen bzw. Risiken erfasst. In ihrer empirischen Analyse weisen Hair et al. (2006) auf folgende zentrale Ergebnisse hin: Kinder mit erhöhten Risiken in der gesundheitlichen oder emotional-sozialen Entwicklung, die schon in der Kindergartenzeit auffällig waren, erreichten die schlechtesten schulischen Ergebnisse. Ihre Mathematik- und Leseleistungen lagen eine halbe Standardabweichung unter denen der anderen Kinder und sie waren nicht in der Lage, ihre tatsächlichen Fähigkeiten auszuschöpfen. Insbesondere fiel in diesem Zusammenhang ihre mangelnde Selbstkontrolle auf.

McClelland et al. (2006) konstatieren in ihrer Längsschnittstudie von der Kindergartenzeit bis zum Ende der Grundschulzeit die hohe Bedeutung angemessener emotional-sozialer Kompetenzen (wie Selbstregulationsfähigkeit, Kooperation und Selbstständigkeit) für gute schulische Leistungen im Lesen und Rechnen. Ihre Studie zeigt, dass diese Faktoren unabhängig von weiteren Merkmalen wie z. B. Intelligenz oder Bildungsstand der Mutter sind. Zudem muss jedoch gemäß den Ergebnissen der Resilienzforschung auch in diesem Kontext auf die starken Wechselwirkungen der bestehenden Risikofaktoren untereinander hingewiesen werden, die bei Kindern mit geringen emotional-sozialen Kompetenzen häufig bestehen.

Im Bereich der emotionalen und sozialen Kompetenzen stehen im Grundschulalter mehrere wichtige Entwicklungsaufgaben an. Eine der zentralen Aufgaben ist die Ausbildung von situationsangemessenen Verhaltensweisen (Verhaltensrepertoire), um auf die Anforderungen der Schule reagieren zu können und kompetente Interaktion mit Gleichaltrigen, Freundschaften und Peers zu ermöglichen (Berk 2011). In dieser Phase ändert sich dann die Definition eines Kindes von Freundschaften. Während bis dahin externe Faktoren wie beispielsweise räumliche Nähe und/oder ähnliches Spielzeug wichtig waren, erlangen nun personelle Aspekte wie Ähnlichkeit, Zuneigung und Loyalität Bedeutung (ebd.).

Im Emotionswissen erkennen Grundschulkinder, dass sie mehrere Emotionen gleichzeitig erleben können (Berk 2011). In der Emotionsregulation wechseln sie mit ca. zehn Jahren in adaptiver Weise zwischen zwei Strategien – den problemlösenden Bewältigungsstrategien und emotionsorientierten Bewältigungsstrategien (Berk 2011). Sie versuchen immer häufiger, negative Emotionen in sozial akzeptierter Weise zu regulieren (ebd.).

Insgesamt sind in der Kindheit die adäquate Ausbildung der in Kapitel 1.1.4 beschriebenen Emotionsregulationsstrategien sowie die angemessene Interpretation sozialer Hinweisreize wichtige Schwerpunkte der Entwicklung, um eine angemessene Informationsverarbeitung zu unterstützen (Dodge 2011). Für die Interpretationen von sozialen Hinweisreizen ist, neben dem Wissen über Gefühle, die Fähigkeit zur Perspektivübernahme wesentlich, die sich kontinuierlich von der frühen Kindheit bis ins Jugendalter weiter ausbildet:

- *Stufe 0; 3–6 Jahre:* Undifferenzierte Perspektivübernahme (die Erkenntnis, dass man selbst und andere unterschiedlich denken und fühlen können; diese beiden Perspektiven werden allerdings noch häufig durcheinandergebracht)
- *Stufe 1; 4–9 Jahre:* Sozial-informationelle Perspektivübernahme (die Erkenntnis, dass sich durch unterschiedliche Informationen unterschiedliche Betrachtungsweisen ergeben)
- *Stufe 2; 7–12 Jahre:* Selbstreflektierende Perspektivübernahme (die Erkenntnis, dass der andere auch denken kann, was man selbst denkt)
- *Stufe 3; 10–15 Jahre:* Perspektivübernahme Dritter (die Fähigkeit, eine eigene soziale Situation aus der Außenperspektive eines imaginären Dritten zu betrachten)
- *Stufe 4; ab 14 Jahre:* Sozial orientierte Perspektivübernahme (die außenstehende Perspektivübernahme kann durch soziale Wertesysteme beeinflusst werden) (Selman/Byrne 1974, zit. n. Berk 2011, S. 454)

Entwicklungsaufgaben und -risiken im Jugendalter: Auch die Phase der Entwicklung des Kindes zum Jugendlichen sowie das Jugendalter selbst erfordern eine Vielzahl von Entwicklungsaufgaben, wobei das erfolgreiche Bewältigen früherer Entwicklungsanforderungen hier gewinnbringend genutzt wird. Nach Hurrelmann (2007, S. 27 f., zit. n. Fuhrer 2008, S. 101) lassen sich vier wesentliche Entwicklungsaufgaben beschreiben:

- »*Entwicklung einer kognitiven und sozialen Kompetenz,* um eigenverantwortlich schulische, später berufliche Anforderungen zu erfüllen mit dem Ziel, eine berufliche Erwerbsarbeit aufzunehmen, um sich eine ökonomische Grundlage für die selbstständige Existenz als Erwachsener zu sichern.
- *Entwicklung eines inneren Bildes von Geschlechtszugehörigkeit;* dazu zählen die Akzeptanz der gewandelten körperlichen Erscheinung, der Aufbau sozialer Bindungen zu Gleichaltrigen des eigenen und des anderen Geschlechtes.
- *Entwicklung selbstständiger Handlungsmuster zur Nutzung des Konsummarktes* einschließlich der Medien und der Fähigkeit zum Umgang mit Geld mit dem Ziel, einen eigenen Lebensstil zu finden.
- *Entwicklung eines Werte- und Normensystems und eines moralischen und politischen Bewusstseins,* das mit dem eigenen Handeln in Übereinstimmung steht, sodass die verantwortliche Übernahme gesellschaftlicher Rollen möglich wird.«

Betrachtet man dagegen Jugendliche mit einer Gefühls- und Verhaltensstörung, so zeichnen sie sich häufig durch dysfunktionale Bewältigungsstrategien wie Problemvermeidung, Verleugnung und fatalistischen Rückzug (Seiffge-Krenke 1998) oder durch eine unausgebildete emotional-soziale Kompetenz aus, die mit dissozialen und delinquenten Verhaltensweisen korrespondiert (Beelmann/Raabe 2007). Brandstädter & Gräser (1999) betrachten Entwicklungsabweichungen sowie eine nicht erfolgreiche Bewältigung der Entwicklungsaufgaben als ein Passungsproblem zwischen Entwicklungszielen des Jugendlichen selbst sowie seinen Potenzialen und den ihn umgebenden Entwicklungsanforderungen und -angeboten. Die gewonnen Erkenntnisse der Resilienzforschung finden etwa Eingang in die Theorie der Entwicklungspfade abweichenden Verhaltens (Patterson et al. 2000) sowie in der Zusammenstellung protektiver Faktoren (Hillenbrand 2006), die insbesondere für die Pädagogik nutzbar sind.

1.2.2 Konzept der Resilienz

Während bis in die 1980er Jahre hinweg die Fokussierung auf bestehende Risiken und Defizite von Kindern und Jugendlichen mit Gefühls- und Verhaltensstörungen eine starke Dominanz in der Fachdiskussion aufwies, begann durch die Ergebnisse der Resilienzforschung ein Paradigmenwechsel. Zahlreiche internationale und nationale Längsschnittstudien zur Resilienz als einer der wichtigsten Zweige der Entwicklungspsychopathologie, insbesondere die Kauai-Studie von Werner & Smith (1992), weisen dabei auf die protektive Wirkung von spezifischen biologischen, psychologischen und sozialen Faktoren hin (Masten/Powell 2003). Die identifizierten schützenden Faktoren lassen sich nach Laucht et al. (1997) in die beiden Bereiche der *personalen Ressourcen* und der *sozialen Ressourcen* des Kindes unterteilen. Für den pädagogischen Kontext als nutzbar zu betrachten sind auf der Ebene der personalen Ressourcen des Kindes insbesondere die schützende Wirkung eines positiven Selbstwertgefühls (hohe Selbstwirksamkeitserwartung), ein positives Sozialverhalten sowie ein hohes Maß an aktiver Stressbewältigung. Theoretisch gut fundierte Präventionsprogramme beinhalten die konsequente Förderung der genannten protektiven Faktoren. Auch auf der Ebene der sozialen Ressourcen, die dem Kind zur Verfügung stehen, lassen sich konkrete Aspekte für die pädagogische Arbeit ableiten. So wirken ein Klima genereller sozialer Unterstützung, positive Freundschaften mit Gleichaltrigen, eine positiv wahrgenommene Schulerfahrung sowie der Lehrer als positives Modell als protektive Faktoren auf die kindliche Entwicklung (Laucht et al. 1997). »Im Gegensatz zu Risikoschulen werden effektive Schulen als sichere Schulen mit gutem Klima und mit hohen Erwartungen an die Leistungen und das soziale Verhalten der Schüler skizziert« (Keogh 1999, S. 194).

Als einflussreiche Risiken für kindliche Verhaltensprobleme konnten andererseits Faktoren auf biologischer, psychischer sowie sozial-ökologischer Ebene identifiziert werden (Brezinka 2003):

- *biologische Risikofaktoren*: Geschlecht (bei Jungen drei- bis viermal höheres Risiko als bei Mädchen), pränatale Risiken (Nikotin, Drogen, Alkohol während der Schwangerschaft), genetische Ausstattung, hormonelle Besonderheiten (erhöhter Testosteron-, geringer Cortisolspiegel), strukturelle Besonderheiten des zentralen Nervensystems (Defizite und Beeinträchtigungen in den Funktionen des Frontalhirnlappens) sowie Besonderheiten in den autonomen Funktionen (geringe Herzrate, geringer Hautleitwiderstand)
- *psychische Risikofaktoren*: Aufmerksamkeits-, Hyperaktivitäts- und Impulsivitätsprobleme, unzureichende Impulskontrolle und Emotionsregulation, wodurch die Entwicklung angemessenen Sozialverhaltens behindert wird, verzerrte sozial-kognitive Informationsverarbeitung, überzogene Selbsteinschätzung und unzureichendes Einfühlungsvermögen
- *sozial-ökologische Risikofaktoren*: unsichere Bindungen an die Eltern im Kleinkindalter, restriktive, inkonsistente Erziehung, Mangel an emotionaler Wärme und Unterstützung für das Kind, soziale Ablehnung durch Gleichaltrige

Die Persistenz (Stabilität) psychischer Fehlentwicklungen erhöht sich, wenn die folgenden Bedingungen nach Loeber (1990; zit. n. Beelmann 2000, S. 30) gegeben sind:

- »Je mehr Risikofaktoren vorliegen und kumulieren,
- je früher ein Problemverhalten gezeigt wird,

- je häufiger ein Problemverhalten auftritt,
- je länger ein Problemverhalten bereits gezeigt wurde,
- je vielfältiger das Problemverhalten ist (z. B. Hyperaktivität, Impulsivität, oppositionelles und aggressives Verhalten, Delinquenz und Kriminalität) und
- je verschiedener die Kontexte (Familie, Kindergarten, Schule usw.) sind, in denen das Problemverhalten auftritt.«

Mit Hilfe der Erkenntnisse der Resilienzforschung erhalten insbesondere Präventionsmaßnahmen eine starke, auch empirisch abgesicherte Legitimation. So werden die in zahlreichen Studien zur Resilienz ermittelten protektiven Faktoren einer angemessenen sozial-kognitiven Informationsverarbeitung (Crick/Dodge 1994), einer guten Impulskontrolle (Gottfredson/Hirschi 1990) sowie eines positiven Sozialverhaltens (Najaka et al. 2001) als operationalisierte Trainingsziele umgesetzt. Da insbesondere Kinder und Jugendliche mit Gefühls- und Verhaltensstörungen in hohem Maße Schwierigkeiten in diesen Bereichen aufweisen, stellt die gezielte, am Entwicklungsverlauf orientierte präventive Förderung eine hervorragende Möglichkeit dar, sich entwickelnde Risiken abzumildern.

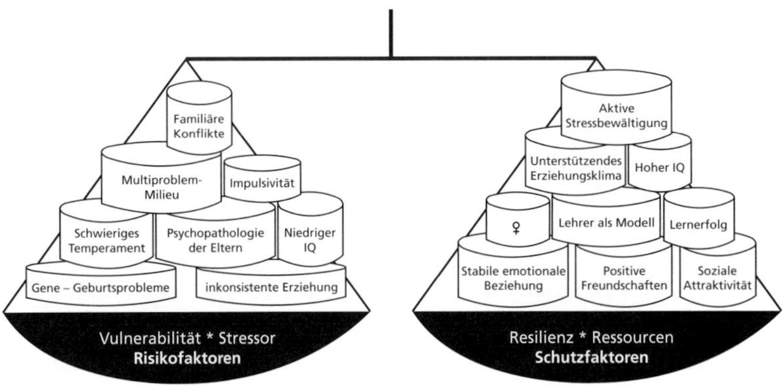

Abb. 2: Entwicklung als Ergebnis des Verhältnisses von Risiko- und Schutzfaktoren

In diesem Kontext sind jedoch weitere intensive Forschungsbemühungen notwendig, um die generellen kausalen Prozesse zwischen Risiko- und Schutzfaktoren zu klären. Den oben dargestellten Faktoren wird zwar eine Schutzwirkung in der kindlichen Entwicklung zugeschrieben, dennoch wird in den verschiedenen Studien zur Resilienz deutlich, »dass je nach Störungsart, Personen- und Kontextmerkmalen die Risiko- und Schutzfaktoren unterschiedliche Auswirkungen haben, so dass wir jeweils problemspezifisch fragen müssen ›Risiko wofür?‹ und ›Schutz wogegen?‹« (Lösel/Bender 2007, S. 71).

1.3 Die Entstehung von Gefühls- und Verhaltensstörungen

Um eine wissenschaftliche Verortung des Themenfeldes »Prävention von Gefühls- und Verhaltensstörungen« vorzunehmen, ist eine begriffliche Einordnung wesentlich.

In der Fachliteratur wird die Begriffsbildung kritisch diskutiert, auch vor dem Hintergrund von Stigmatisierungs- und Etikettierungseffekten. Ebenso die oft einseitig auf das Kind oder den Jugendlichen fokussierte Störungsperspektive kann dazu verführen, die Bedeutung z. B. problembelasteter extrapersonaler und/oder sozialer Einflussfaktoren auf die individuellen sozial-emotionalen Entwicklungsverläufe auszublenden.

In diesem Buch orientieren wir uns aus pragmatischen Gründen an dem Vorschlag des US-amerikanische Fachverbandes *Council for Children with Behavior Disorders* (CCBD) der in Deutschland von Opp (2003, S. 509 f.) eingeführt wurde. Er bietet einerseits den Vorteil einer interdisziplinären Verständigungsebene und lässt andererseits eine inhaltlich differenzierte und mehrdimensionale Sichtweise zu:

»Der Begriff Gefühls- und Verhaltensstörungen beschreibt eine Beeinträchtigung (disability), die in der Schule als emotionale Reaktion und Verhalten wahrgenommen wird und sich von altersangemessenen, kulturellen oder ethischen Normen so weit unterscheidet, dass sie auf die Erziehungserfolge des Kindes oder Jugendlichen einen negativen Einfluss hat. Erziehungserfolge umfassen schulische Leistungen, soziale, berufsqualifizierende und persönliche Fähigkeiten. Eine solche Beeinträchtigung ist:

- mehr als eine zeitlich begrenzte, erwartbare Reaktion auf Stresseinflüsse in der Lebensumgebung;
- tritt über einen längeren Zeitraum in zwei verschiedenen Verhaltensbereichen (settings) auf, wobei mindestens einer dieser Bereiche schulbezogen ist; und
- ist durch direkte Intervention im Rahmen allgemeiner Erziehungsmaßnahmen insofern nicht aufhebbar, als diese Interventionen bereits erfolglos waren oder erfolglos sein würden.
- Gefühls- und Verhaltensstörungen können im Zusammenhang mit anderen Behinderungen auftreten und erfordern für ihre Beschreibung Informationen aus verschiedenen Quellen und Meßverfahren« (Opp 2003, S. 509 f., zit. Forness/Knitzer 1992).

Betrachtet man neben den Prävalenzraten auch die Persistenzraten von Gefühls- und Verhaltensstörungen, so finden präventive Förderansätze, die schon frühzeitig im kindlichen Entwicklungsverlauf ansetzen und dabei protektive Faktoren berücksichtigen, eine wichtige Legitimation. Zudem lässt sich häufig ein sich gegenseitig bedingender »Overlap« (Ricking 2005) zwischen Lern- und Verhaltensstörung erkennen, der nicht selten ein häufiges akademisches Scheitern der betroffenen Schüler in der Schule, eine Entkopplung von gesellschaftlichen Bildungsansprüchen und später auch besondere Schwierigkeiten in der Transition in den Beruf zur Folge hat.

Der Absicherung von Diagnosen von »Gefühls- und Verhaltensstörung« und der interdisziplinären Kommunikation dienen insbesondere die Klassifikationssysteme ICD-10 (International Classification of Diseases) der Weltgesundheitsorganisation (WHO) und DSM V (Diagnostic and Statistical Manual of Mental Disorders) der American Psychatric Association (APA).

Mindestens drei Kriterien sind für die Zuschreibung »Gefühls- und Verhaltensstörung« zu beachten:

- Intensität (längere Zeitdauer, hoher Schweregrad),
- Ökologie (in mind. zwei Settings, eines davon Schule),
- Integration (Erfordernis spezifischer Hilfen für Teilhabe an der Gesellschaft)

Nach Myschker und Stein (2014) lassen sich insbesondere externalisierende (nach außen gerichtete) Störungsformen (wie Störungen des Sozialverhaltens, ADHS) von internalisierenden Störungen (wie Angst, Depression) unterscheiden.

In Deutschland erhebt die KiGGS-Studie seit 2003 psychische Auffälligkeiten von Kindern und Jugendlichen zwischen drei bis 17 Jahren. Unter Anwendung deutscher Normwerte weisen in der Basiserhebung (2003–2006, N = 14.477) rund 20,0% einen grenzwertigen bzw. auffälligen Gesamtproblemwert auf (Hölling et al. 2007). Mit 20,2% aller Kinder und Jugendlichen hat sich diese Prävalenzrate auch in der Welle 1 (N = 10.353) zwischen 2009 bis 2012 nicht signifikant verändert (Hölling et al. 2014). Der Blick auf die Geschlechter zeigt hierbei, dass Jungen mit einer Rate von 23,8% häufiger von Gefühls- und Verhaltensstörungen betroffen sind als Mädchen, für die sich eine Rate von 16,0% zeigt. Einen deutlichen Zusammenhang zeigt die KiGGS-Studie in Bezug auf den Sozialstatus und psychische Auffälligkeiten. In der Gruppe mit niedrigem Sozialstatus liegt die Prävalenzrate bei 30,8%, bei mittlerem bei 19,2% und bei hohem nur noch bei 11,3% (ebd., S. 812).

Ein deutlicher Unterschied zwischen den Altersgruppen in den Prävalenzzahlen insgesamt lässt sich nicht feststellen, in der Häufigkeit der spezifischen Störungsformen jedoch schon. Im Kindesalter treten verstärkt externalisierende Störungsbilder auf. Demgegenüber finden sich im Jugendalter mehr internalisierende Störungen (Ihle/Esser 2002; Petermann 2005).

In einer deutschen Untersuchung über Verhaltensstörungen in 68 Grundschulen mit einer Stichprobengröße von 7970 Schülerinnen und Schülern der 1.–4. Klassen in Sachsen (Hartmann et al. 2003) werden die Prävalenzraten für Aggressivität, Hyperaktivität, externalisierendes Verhalten (Addition der Skalen der Aggression und der Hyperaktivität), internalisierendes Verhalten sowie für vorhandene Fähigkeiten und Ressourcen ermittelt. Die Ergebnisse dieser Studie werden im Folgenden exemplarisch skizziert:

- Aggressivität: 10,8 % der Population gelten als aggressiv auffällig, 11,2 % befinden sich im Übergangsbereich zwischen unauffälligem und auffälligem Verhalten.
- Hyperaktivität: 19,6 % zeigen auffälliges hyperaktives Verhalten, im Übergangsbereich zwischen unauffälligem und auffälligem Verhalten liegen 17,3 %.
- Externalisierendes Verhalten: Bei 14,2 % der Stichprobe werden externalisierende Verhaltensstörungen festgestellt, im Übergangsbereich zwischen unauffälligem und auffälligem Verhalten sind 19,2 % anzusiedeln.
- Internalisierendes Verhalten: 3,5 % der Stichprobe weisen internalisierende Verhaltensprobleme auf, im Übergangsbereich zwischen unauffälligem und auffälligem Verhalten liegen 36,2 %.
- Fähigkeiten und Ressourcen: Unterdurchschnittliche Fähigkeiten und Ressourcen zeigen zwar nur 3,6 % der untersuchten Kinder, im Übergangsbereich befinden sich aber immerhin 40,6 %.

Die ermittelte Prävalenz von Verhaltensstörungen bei Grundschülern unterstreicht, dass Aggressivität bereits häufig in der Grundschule auftritt und Hyperaktivität in der Lehrerwahrnehmung das größte und auffälligste Problem in dieser Entwicklungsphase darstellt. Die beiden Verhaltensweisen, als externalisierende Verhaltensstörungen zusammengefasst, sowie die verminderten Fähigkeiten und Ressourcen belasten nachhaltig die Unterrichtssituation und die sozial-emotionale Integration der Kinder einer Schulklasse. Von besonderem Interesse ist die zuletzt genannte Kategorie: Fast 45 % der Grundschüler weisen Förderbedarfe in ihren emotional-sozialen Kompetenzen im Umgang mit anderen auf. Die in der Studie ermittelten Kompetenzdefizite belegen eindringlich die Notwendigkeit einer frühzeitigen Förderung emotional-sozialer Kompetenzen, von der ein großer Anteil der Kinder profitieren könnte.

Die Erkenntnisse der Resilienzforschung über Risiko- und Schutzfaktoren unterstützen gleichzeitig auch ein transaktionales Entwicklungsverständnis, wie es etwa in dem biopsychosozialen Entwicklungsmodell dissozialen Verhaltens von Beelmann (2000) vorgeschlagen wird. Das Modell fasst prototypisch empirisch abgesicherte Risikofaktoren auf der biologischen, psychischen und sozialen Ebene im Entwicklungsverlauf von der Geburt über die frühe Kindheit bis zum jungen Erwachsenenalter zusammen (Beelmann/Raabe 2007). Als ein wesentliches Bestimmungsmerkmal eines transaktionalen Verständnisses kann die Plastizität von Entwicklungsverläufen angesehen werden, die durch positive Entwicklungsanreize, etwa durch die Aufnahme in eine neue Klasse, die Betreuung durch einen neuen Klassenlehrer oder eben auch durch die gezielte Förderung emotional-sozialer Kompetenzen, genutzt werden kann. Gleichzeitig betonen transaktionale Entwicklungsmodelle, dass die relative Bedeutung der drei Einflussebenen altersbezogenen Veränderungen unterliegt. Wesentliche Veränderungen ergeben sich durch den systematischen Anstieg selbstgesteuerter Entwicklungsregulationen im Laufe der Entwicklung, während in gleichem Maße sozial und biologisch gesteuerte Prozesse relativiert werden. Entwicklung wird damit zum Ergebnis komplexer Regulationsprozesse und ist selbst wieder Anstoß für neue Entwicklungen (Hillenbrand/Hennemann 2006). Mit Hilfe des Modells lassen sich gleichzeitig wichtige »Fenster der Gelegenheiten« für die kompensatorische präventive Förderung emotional-sozialer Kompetenzen öffnen.

Als ein sehr gutes und vielfach bestätigtes Modell, das zur Erklärung der Entwicklung und Verfestigung von externalisierenden und internalisierenden Gefühls- und Verhaltensstörungen genutzt wird, kann die sozial-kognitive Informationsverarbeitung (SKI) nach Crick und Dodge (1994) angesehen werden, die im Folgenden daher im Detail vorgestellt wird. Über die Möglichkeit der Erklärung für Gefühls- und Verhaltensstörungen hinaus liefert das Modell der SKI aber auch eine prototypische Beschreibung der Informationsverarbeitung in sozialen Kontexten insgesamt und stellt in diesem Kontext somit ebenso die Ausgangslage zur systematischen Förderung emotionaler und sozialer Kompetenzen dar.

Sozial-kognitive Informationsverarbeitung. Für die umfassende Beschreibung der Informationsverarbeitung in sozialen Interaktionen betonen Lemerise und Arsenio (2000) in einer Weiterentwicklung des Modells der SKI (Crick/Dodge 1994) den Einfluss der Emotionen auf den sechs Phasen umfassenden Prozess der sozial-kognitiven Informationsverarbeitung. Sie konzentrierten sich auf den Zusammenhang von Emotionen und sozial-kognitiver Informationsverarbeitung. Dies führte zu einer Erweiterung des Modells, indem die emotionalen Prozesse explizit Berücksichtigung finden. Im Allgemeinen werden Gefühlen intrapsychische Funktionen zugeschrieben. Sie organisieren, motivieren und erleichtern adaptive, zielgerichtete Verhaltensweisen (Holodynski/Friedlmeier 2006). Emotionale Prozesse prägen jede einzelne der sechs Phasen der SKI und wirken damit entscheidend auf den ablaufenden Prozess ein.

In der ersten Phase werden die sozialen Hinweisreize unter Einfluss eigener Emotionen wahrgenommen:

> Beispiel: Während ich mein Stickeralbum durchschaue, kommt eine Frau in die Klasse. Da die Frau eine Lehrerin ist und ich als Schüler mich morgens früh mit mehreren anderen Schülerinnen und Schülern in einem Klassenraum befinde, könnte dieser Hinweisreiz etwas mit mir zu tun haben – im Gegensatz zum Vorbeilaufen des Eichhörnchens vor dem Fenster.

Lemerise und Arsenio vermuten, dass bei diesem Prozess auch die eigene Emotion vor dem Eintreten der Situation von Bedeutung ist. Der soziale Hinweisreiz kann die vorhandene emotionale Gestimmt-

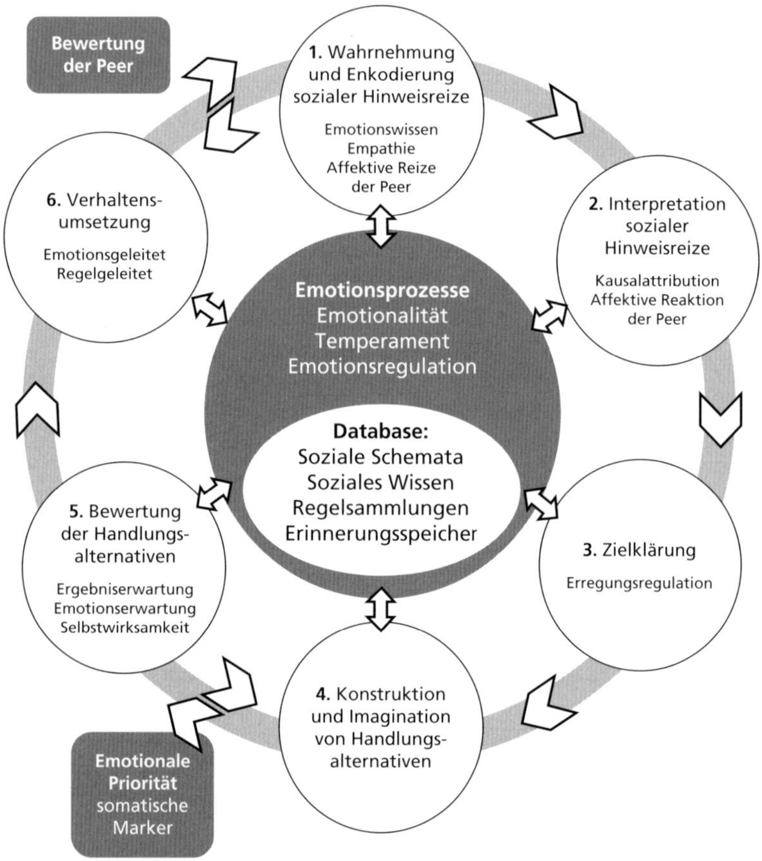

Abb. 3: Sozial-kognitive Informationsverarbeitung (Lemerise/Arsenio 2000, modifiziert nach Hövel 2014)

heit dann ändern oder verfestigen (Lemerise/Arsenio 2000, S. 112). Das von Lemerise und Arsenio erweiterte Modell weist zusätzlich darauf hin, dass auch die Gestimmtheit der Peergroup wahrgenommen und interpretiert werden muss. Zudem lenken vorherrschende Gefühle die Aufmerksamkeit auf ganz bestimmte Hinweisreize und blenden andere, ggf. auch relevante Reize, aus, sodass die Situation unvollständig oder falsch wahrgenommen wird (Frijda 1986). Eine

Person, die beispielsweise Angst empfindet, nimmt einen Hinweisreiz eher als bedrohlich wahr, als sie es ohne diese emotionale Priorität tun würde.

In der zweiten Phase folgt die Kausalattribution der sozialen Hinweisreize. Interpretiert werden die Zusammenhänge der wahrgenommenen Situation und die mit der Handlung der anderen Person verbundenen Intentionen:

> Beispiel: Die Lehrerin möchte wahrscheinlich gerne mit dem Unterricht anfangen, weil sie mir etwas beibringen möchte.

Der Erfolg dieser Interpretation ist davon abhängig, ob die wahrgenommene Person dem Interpretierenden vertraut ist. Kindern fällt es oft leichter, die sozialen Hinweisreize von Eltern oder von Freunden richtig zu interpretieren als von Fremden. Auch die Stimmung innerhalb der Gruppe, welcher der soziale Hinweisreiz entstammt, ist von Bedeutung. Herrscht z. B. eine provokante Grundstimmung vor, so werden Hinweisreize schneller als feindselig ausgelegt (Lemerise/Arsenio 2000, S. 112). Wenn daraufhin die Entschlüsselung der sozialen Hinweisreize misslingt, werden alle nachfolgenden Schritte der SKI fehlerhaft und/oder systematisch voreingenommen sein (Arsenio 2010; Horsley et al. 2010).

In der dritten Phase des Modells werden die eigenen Ziele in Bezug zur eben erfolgten Interpretation der Situation festgelegt.

> Beispiel: Etwas zu lernen finde ich gut. Ich benötige aber unbedingt noch den letzten Sticker für mein Album.

Lemerise und Arsenio betonen die Abhängigkeit dieser Zielklärung von den aktuellen Emotionen. Je intensiver ein Gefühl erlebt wird, desto kurzfristiger werden eigene Ziele gesetzt. Beispielweise führt die akute Furcht vor einem Schaden zu Handlungszielen, die diesen Schaden abwenden sollen. Darüber hinaus beeinflussen die Intensität des Erlebens der Emotionen und die Fähigkeit zu ihrer Regulierung die Auswahl des Handlungsziels. Emotionsregulationsfähigkeit ist also maßgeblich an der Zielgenerierung beteiligt (Eisenberg et al. 1995). Aktuelle Studien belegen, dass Kinder mit einer wütenden Grundstimmung und Kinder, die das Gefühl haben, von den Gleichaltrigen nicht akzeptiert zu werden, eine signifikant andere Zielkonstruktion vollziehen als Kinder ohne diese Gefühle. Unter dem Gefühl der Bedrohung/Ausgrenzung werden in Problemsituationen überdurchschnittlich häufiger instrumentell aggressive Zielbestimmungen vorgenommen (Harper et al. 2010). Allerdings kann auch die Auswahl eines Zieles wiederum Einfluss auf die emotionale Stimmung haben (Lemerise/Arsenio 2000, S.114).

In den Phasen vier und fünf werden mögliche Handlungsalternativen aus der Database generiert und mit in der Vergangenheit erfahrener Selbstwirksamkeit abgestimmt.

> Beispiele: a) Ich begrüße die Lehrerin und sage ihr, dass ich ihre Absicht, mit dem Unterricht anzufangen, wahrgenommen habe und mittragen werde. Ich bitte aber noch um zwei Minuten Zeit, um vorher den letzten Sticker für mein Album tauschen zu können. b) Ich tue so, als ob ich die Lehrerin nicht gesehen und gehört habe und beginne schnell, mit einem möglichen Tauschpartner, den von mir benötigten Sticker zu tauschen.

Die Handlungsalternative, die am ehesten erfolgversprechend erscheint und mit den Zielen aus Phase drei übereinstimmt, wird gewählt, falls keine negative Emotionserwartung beim Gedanken an die Ausführung der Handlung entsteht.

> Beispiel: a) Wenn ich die Lehrerin höflich bitte, besteht die Gefahr, dass sie dennoch nein sagt und ich meinen Sticker jetzt nicht tauschen kann. b) Wenn ich die Lehrerin ignoriere, könnte ich den Sticker bereits getauscht haben, bevor sie etwas bemerkt und wir könnten ungestört mit dem Unterricht beginnen.

Genau wie bei den anderen Phasen gehen Lemerise und Arsenio auch hier davon aus, dass die vorherrschende eigene Emotion sowie die wahrgenommene Emotion der Peergroup die Generierung von Handlungsmöglichkeiten beeinflussen und dass umgekehrt die Generierung bestimmter Handlungsalternativen die empfundene eigene Emotion verändern kann. Auch hier ist die Fähigkeit zur Emotionsregulation von entscheidender Bedeutung (Lemerise/Arsenio 2000, S. 115).

Die letzte Phase ist dafür verantwortlich, dass die Handlung ausgeführt wird. Während der Ausführung werden weiterhin soziale Hinweisreize aufgenommen.

> Beispiel: Mir erscheint Ignorieren am erfolgversprechendsten, sodass ich dies umsetze, woraufhin weitere Kinder mitbekommen, dass Sticker getauscht werden und lautstark in die Tauschaktion einsteigen, worauf die Lehrerin mit einer harschen Ermahnung reagiert.

Ein sozial kompetentes Kind kann daher noch während der Handlungsausführung diese variieren und wird über die Reaktion des Gegenübers über den Erfolg oder Misserfolg seiner Handlung informiert. Der Prozess wird erneut durchlaufen (Hillenbrand/Hennemann 2006).

Aktuell existiert eine Vielzahl an Studien über die Entwicklung der sozial-kognitiven Informationsverarbeitung bei Kindern und Jugendlichen. Die Befunde dieser Arbeiten fundieren empirisch jeden Schritt des Modells der SKI (Dodge 2011). Beelmann und Raabe (2007) fassen die bisherigen Forschungsergebnisse einer unangemessenen sozial-kognitiven Informationsverarbeitung zusammen. Dabei wird deutlich, dass Kinder und Jugendliche mit Gefühls- und Verhaltensstörungen bei der Bewältigung der einzelnen Phasen dieses Modells zum Teil erhebliche Probleme bei der angemessenen sozial-kognitiven Verarbeitung von eingehenden sozialen Hinweisreizen aufweisen. Von der Arbeitsgruppe um Kenneth Dodge wurden in zahlreichen Studien insbesondere bei Kindern mit aggressivem Verhalten sowie mit anderen dissozialen Verhaltensproblemen Defizite auf allen Verarbeitungsebenen im Rahmen der sozial-kognitiven Informationsverarbeitung nachgewiesen (Crick/Dodge 1994). Mittlerweile gilt eine verzerrte sozial-kognitive Informationsverarbeitung als »ein bedeutsamer proximaler Risikofaktor für die kindliche Entwicklung, Stabilisierung und Automatisierung speziell aggressiver Verhaltensprobleme« (Beelmann/Raabe 2007, S. 75). Umgekehrt kommt Beelmann (2006) zu dem Schluss, dass sich die Förderung der sozial-kognitiven Informationsverarbeitung im Allgemeinen sowie der einzelnen Phasen und der beteiligten emotionalen Prozesse im Speziellen hervorragend als Grundlage für wirksame Präventionsprogramme anbietet. Zahlreiche internationale wie nationale Präventionsmaßnahmen basieren daher auf dem Modell der sozial-kognitiven Informationsverarbeitung.

Auf der Grundlage der Forschungsergebnisse zur sozial-kognitiven Informationsverarbeitung ergibt sich für pädagogische Institutionen die Aufgabe, Maßnahmen zu erarbeiten, die die Phasen der »SKI« bearbeiten. Folgt man dem erweiterten Modell nach Lemerise & Arsenio (2000) Schritt für Schritt, ergeben sich folgende zentrale Förderschwerpunkte, die eine schulische Förderung bearbeiten muss:

- Differenzierung sozialer Wahrnehmung
- Emotionen bewusst machen und Umgang üben
- Erweiterung des Repertoires zur emotionalen Steuerung
- Ziele klären
- Handlungsalternativen lernen
- Handlungsmöglichkeiten bewerten
- Umsetzung einüben

Zusammenfassend kann festgehalten werden, dass eine konsequente Orientierung an den Befunden der emotional-sozialen Kompetenzforschung einen wesentlichen Baustein für wirksame Präventionsmaßnahmen darstellt. Insbesondere die konkreten Entwicklungsschritte zum Kompetenzaufbau emotionaler und sozialer Fähigkeiten, die Entwicklung von der interpersonalen hin zu einer intrapersonalen Emotionsregulation, die Unterstützung bei der Bewältigung der anstehenden Entwicklungsaufgaben im Kindes-und Jugendalter sowie die Bedeutung einer angemessenen sozial-kognitiven Informationsverarbeitung stellen dabei zentrale Förderbereiche für eine konsequente Prävention im Bereich Verhalten dar und werden daher in den weiteren Kapiteln dieses Buches konkretisiert.

Vertiefende Literaturempfehlungen

Vertiefender Überblick der emotionalen und sozialen Kompetenzmodelle:

von Salisch, M. (2002): Emotionale Kompetenz entwickeln. Grundlagen in Kindheit und Jugend. Kohlhammer: Stuttgart.

Malti, T./Perren, S. (2008): Soziale Kompetenz bei Kindern und Jugendlichen. Entwicklungsprozesse und Förderungsmöglichkeiten. Kohlhammer: Stuttgart.

Vertiefende Einführung in das Konzept der Resilienz:

Fröhlich-Gildhoff, K. & Rönnau-Böse, M. (2014): Resilienz. Reinhardt: München.

Vertiefende Auseinandersetzung mit Störungsbildern:

Petermann, F. (2013): Lehrbuch der Klinischen Kinderpsychologie. Hogrefe: Göttingen.

Steinhausen, H.-C. (2010): Psychische Störungen bei Kindern und Jugendlichen: Lehrbuch der Kinder- und Jugendpsychiatrie und -psychotherapie. Urban & Fischer: München.

2

Prävention von Gefühls- und Verhaltensstörungen[2]

Die Wechselwirkung von Risiko- und Schutzfaktoren auf die Entwicklung von Kindern und Jugendlichen, wie im vorangegangenen Kapitel beschrieben, bildet eine bedeutende Grundlage für die Prävention von Gefühls- und Verhaltensstörungen. Auch Petermann (2003) stellt die Minimierung von Risikofaktoren und das Erzeugen von Schutzfaktoren als zentrale Ziele von Prävention heraus. Dies verweist auf zwei grundlegende Dimensionen eines präventiven Förderauftrags: Das Wohl des Kindes und die Entlastung der Ge-

2 Teile dieses Abschnitts wurden bereits in Hövel et al. 2014 veröffentlicht

meinschaft (Aos et al. 2004). Daher wird im folgenden Kapitel zunächst eine Klassifikation präventiver Maßnahmen dargestellt. Im Anschluss werden zentrale Anforderungen für wirksame Präventionsmaßnahmen und die empirische Befundlage zur Prävention aufgeführt. Das Kapitel schließt mit grundlegenden Aspekten zur evidenzbasierten Förderung.

2.1 Klassifikation präventiver Maßnahmen

Für den Einsatz von Prävention zur Vermeidung bzw. Milderung psychischer Störungen und/oder psychosozialer Belastungen formulieren Heinrichs et al. (2013) fünf zentrale Gründe:

- Psychische Störungen bei Kindern und Jugendlichen weisen eine hohe Prävalenzrate aus.
- Psychosoziale Belastungsfaktoren in der Kindheit haben lebenslange Folgewirkungen. Insbesondere die Komorbiditätsraten zwischen Lernen und Verhalten, aber auch unterschiedlichen Störungsformen, sind sehr hoch.
- Betroffene Familien nehmen kaum professionelle Hilfe für die psychischen Störungen des Kindes in Anspruch.
- Psychische Störungen bei Kindern und Jugendlichen erzeugen hohe volkswirtschaftliche Kosten. Die Quote der Kinder und Jugendlichen aus Förderschulen, die keinen Hauptschulabschluss erreichen und daher in kostenintensiven Maßnahmen zur Berufsvorbereitung versorgt werden müssen, liegt nach Klemm (2009) bei 77,2 %.
- Die Wirksamkeit von Kinderpsychotherapie ist eingeschränkt, wenn sie zu spät in Anspruch genommen wird.

Betrachtet man nun zunächst einmal den Begriff Prävention, so leitet sich dieses von dem lateinischen Wort *praevenire* ab und bedeutet übersetzt so viel wie »zuvorkommen, verhüten, vorbeugen«. Man bezeichnet vorbeugende Maßnahmen, die unerwünschte Ereignisse oder unerwünschte Entwicklungen vermeiden, als präventive Maßnahmen. Beelmann und Raabe (2007) definieren Prävention im pädagogisch-psychologischen Kontext wie folgt:

»Unter psychologischer Prävention [...] kann der systematische, das heißt der theoretisch und empirisch begründete Versuch verstanden werden, mit psychologischen Mitteln Kompetenzen zu stärken, Risiken abzuschwächen oder bereits anbahnende Negativentwicklung zu unterbrechen, um das Auftreten dauerhafter psychischer Probleme und Störungen zu verhindern und damit zu einer gesunden Entwicklung von Kindern und Jugendlichen beizutragen« (ebd., S. 131).

In Anlehnung an Beelmann und Rabe (2007) definieren wir die *pädagogische Prävention* als systematisches, theoretisch und empirisch begründetes pädagogisches Handeln, das zum Ziel hat, mit Hilfe erzieherischer Mittel und erzieherischen Einwirkens in schulischen und außerschulischen pädagogischen Settings Kinder und Jugendliche so zu stärken, dass Risiken und Folgen einer belastenden sozial-emotionalen Entwicklung vermieden, gemildert oder bewältigbar werden.

Ausgehend von einer Klassifikation nach Gordon (1989) zur Vorbeugung von Behinderungen spricht man im pädagogischen Kontext von universellen, selektiven und indizierten Präventionsmaßnahmen (Brezinka 2003). Universelle Prävention fokussiert dabei auf eine Gesamtpopulation, bei der weder Risikomerkmale identifiziert wurden, noch Indizien, die auf eine Störungsform hinweisen, vorliegen. Selektive Prävention zielt auf Gruppen, die bereits ein erhöhtes biologisches, psychisches und/oder soziales Risiko für die Entwicklung psychischer Störungen aufweisen (z. B. Kinder aus Problemvierteln, Kinder psychisch kranker Eltern; Brezinka 2003; Petermann 2003). Von indizierter Prävention spricht man, wenn die Maßnahmen bei Personen ansetzen, die ein sehr hohes Risiko für die Entwicklung von Gefühls- und Verhaltensstörungen haben und bereits erste Symptome spezifischer Störungsformen aufweisen (Brezinka 2003). Ziel dieser tertiären Präventionsebene ist dann vor allem, eine Ausweitung der vorhandenen Probleme zu verhindern und möglichen komorbiden Störungen vorzubeugen (Heinrichs et al. 2013). Die Begriffe ›indizierte‹ und ›tertiäre‹ Prävention werden hierbei synonym verwendet – ›indiziert‹ häufiger in pädagogischen Kontexten und ›tertiär‹ eher in außerschulischen Kontexten, wie z. B. im Arbeitsfeld der Polizei.

Präventionsmaßnahmen können unterschiedlich angelegt sein. Diese Anlage gliedert entsprechende Maßnahmen in drei Ebenen:

- sozial-, bildungs-, familien- und gesundheitspolitische Maßnahmen,
- polizeiliche und juristische Maßnahmen und
- psychologisch-pädagogische Maßnahmen (Beelmann/Raabe 2007, S. 139).

Sowohl für die Schule im Allgemeinen als auch die Förderschule im Speziellen sind als pädagogische Einrichtungen vor allem psychologische und pädagogische Maßnahmen von Bedeutung, die eingangs definiert wurden. Psychologische und pädagogische Maßnahmen können wiederum unterschiedliche Ansätze verfolgen (Beelmann/Raabe 2007; Heinrichs et al. 2013):

- kindzentrierte Ansätze, die interpersonelle Risiko- und Schutzfaktoren des Kindes zu beeinflussen versuchen,
- umfeldzentrierte Ansätze wie z. B. Eltern- und/oder Lehrertrainings, die versuchen, das Erziehungsverhalten zu beeinflussen und
- multimodale Ansätze, die sowohl die Fertigkeiten des Kindes selbst als auch das Umfeld in den Blick nehmen.

Bezogen auf die Effekte dieser drei Ansätze lässt sich festhalten, dass diese je nach intendiertem Ziel unterschiedliche Ausprägungen in der Wirksamkeit zeigen. Zur Förderung des sozialen Problemlösens haben umweltzentrierte Ansätze quasi keine praktische Relevanz und zeigen so gut wie keine empirisch nachgewiesene Wirkung

(Beelmann/Raabe 2007, S. 182 f.). Demgegenüber hat das Training der Kinder selbst für diesen Bereich eine messbare Wirkung. Hierbei weisen multimodale Ansätze die größten Effekte nach. Auch im Bereich der Reduktion von Verhaltensproblemen zeigen die kindzentrierten Ansätze gegenüber den allein umweltbezogenen Trainings eine höhere Wirkung und die multimodalen Ansätze schließlich den größten Wirkungsgrad (Beelmann/Raabe 2007, S. 182 f.).

Im Folgenden sollen zuerst die zentralen Gelingensbedingungen für die Prävention von Gefühls- und Verhaltensstörungen in der Schule dargestellt werden. Anschließend wird ein Überblick über evidenzbasierte sowohl universelle und selektive als auch indizierte Präventionsmaßnahmen im schulischen Kontext gegeben. Abschließend wird die Diskussion von Wirksamkeitsfaktoren und Faktoren für eine gelingende Implementation in die Schulpraxis dargestellt.

2.2 Anforderungen an effektive Prävention (Anforderungen, Kriterien, Implementation)

Positive Ergebnisse von Präventionsprogrammen in der Schule sind nach aktuellen Meta-Analysen zu erwarten, sofern die Maßnahme theoretisch gut fundiert und entwicklungsorientiert angelegt ist (Beelmann 2003; 2006; Durlak et al. 2011; Lösel/Beelmann 2003; Wilson/Lipsey 2007). Darüber hinaus haben sich Faktoren wie die Dauer (längerfristig) und eine kognitiv-behaviorale Ausrichtung als wichtige Faktoren für die Wirksamkeit von Maßnahmen herausgestellt (Wilson et al. 2003). Im Hinblick auf die Inhalte und die Durchführung einer Präventionsmaßnahme hat es sich als effektiver herausgestellt, wenn die Lehrkräfte an der Durchführung des Programms beteiligt waren, das Programm ein verbundenes und koordiniertes Aktivitäten-Set bereithält, aktive Lern- und Handlungsformen fördert, mindestens in Teilen auf die Förderung personaler und sozialer Fertigkeiten fokussiert ist und konkret auf die Förderung spezifischer Eigenschaften (z.B. Stressbewältigungsstrategien) und Kompetenzen abzielt. Durlak et al. (2011) führen in diesem Zusammenhang das Akronym SAFE – sequenced, active, focused, explicit – zur Benennung wichtiger Indikatoren eines wirksamen Präventionsprogramms ein. Für Maßnahmen, die diesen Kriterien entsprechen, werden Effektstärken von $d = 0.24$ bis $d = 0.69$ berichtet (Casale et al. 2014; Durlak et al. 2011, S. 414).

Aus den aktuellen Meta-Analysen zur schulischen Prävention von Gefühls- und Verhaltensstörungen (Beelmann 2008; Durlak et al. 2011; Sklad et al. 2012), den systematisches Reviews in diesem Themenfeld (Brezinka 2003; Casale et al. 2014; Heinrichs et al. 2002), aber auch aus den Zusammenfassungen zu den Kriterien effizienter SEL-Ansätze (Denham/Burton 2003; Reicher/Jauk 2012) lassen sich insgesamt zehn Indikatoren extrahieren, welche die Wirksamkeit präventiver Förderung moderieren:

Theoretische Fundierung: Wirksame Maßnahmen sind theoretisch fundiert, d.h. sie beruhen auf einem fundierten theoretischen Konstrukt, das empirisch abgesichert ist. Sie berücksichtigen eine multidisziplinäre Sichtweise und beinhalten entwicklungsadäquate Strategien. Diese rekurrieren auf den aktuellen Kenntnisstand über die Entwicklungspsychopathologie von Gefühls- und Verhaltensstörungen sowie den Aufbau emotionaler und sozialer Kompetenzen (Beelmann 2008).

Instruktion und Lebensweltbezug: Eine sorgfältige Instruktion der Trainingseinheiten und deren Lebensweltbezug, d.h. dass die Inhalte individualisierbar und modifizierbar sind, fördern den Erfolg eines Präventionsprogramms. Hierbei ist es sehr nützlich, wenn die Möglichkeit individueller Einzelsitzungen über einen längeren Zeitraum bereitgehalten wird (Brezinka 2003). Insbesondere in den sonderpädagogisch relevanten Kontexten ist es wichtig, dass die Fördermaßnahmen ein hohes Maß an Zielgruppenspezifität aufweisen.

Sie müssen an die individuellen Ausgangslagen der Lerngruppen anknüpfen, um auch bei sehr großer Heterogenität wirksam zu sein.

Klare Zielformulierung: Die klare Definition und Formulierung dessen, was verbessert werden soll, unterstützt die Wirksamkeit (Durlak et al. 2011; Brezinka 2003; Beelmann 2003). Je konkreter der Trainingsgegenstand formuliert ist (Brezinka 2003) und umso eindeutiger das zu verändernde Verhalten antizipiert wird (Beelmann 2012), desto größer sind die zu erwartenden Effekte einer Präventionsmaßnahme.

Transfer in den Alltag: Damit das erworbene Wissen aus einem Präventionsprogramm auch Anwendung im Verhalten findet, ist das Anwenden der erlernten Inhalte in »real-life-Settings« wichtig (Reicher/Jauk 2012). Hierfür ist entscheidend, ob die Angebote des Trainings im (vor-)schulischen Alltag gut erreichbar und praktikabel sind (Beelmann 2003; Brezinka 2003; Durlak et al. 2011). Die thematisierten Inhalte der sozial-emotionalen Kompetenzen müssen in das Lemmilieu in der Klasse, in die Unterrichtsinhalte und das Unterrichtsgeschehen, aber vor allem auch in die Beziehungsgestaltung zwischen Lehrkräften und Schülerinnen und Schülern mit einbezogen werden (Reicher/Jauk 2012). In diesem Kontext kommt Lehrerinnen und Lehrern eine äußerst wichtige Rolle als Modell für prosoziales und beziehungsförderndes Verhalten zu, das einen Spiegel ihrer Einstellung gegenüber ihren Schülern und ihrer damit einhergehenden pädagogischen Haltung darstellt. Schon in den 1970er Jahren konnten Tausch und Tausch (1977) die Bedeutung der Haltung und des Erziehungsstiles von Erziehern und Lehrpersonen nachweisen, die von den Verhaltensvariablen der humanistischen Pädagogik und Psychologie – Authentizität, Empathie und Akzeptanz sowie einem »demokratischen« Führungsstil – geprägt sind.

Vom Verhalten zum Setting: Die Schul- und Klassenumgebung muss für die erwünschten Verhaltensweisen förderlich sein. Hierzu trägt ein fürsorgliches, unterstützendes und abwechslungsreiches Klassenklima bei, das die Schülerinnen und Schüler in ihren Beziehungen stärkt und strukturell die Eigenverantwortung der Kinder fördert (Denham/Burton 2003).

Früher Beginn und längerer Zeitraum: Die Reduktion von Problemen im Verhalten gestaltet sich bei jüngeren Kindern effektiver (Gollwitzer 2007; Lösel/Beelmann 2003; Wilson et al. 2003). Sklad et al. (2012) zeigen in einer Faktorenanalyse für den Rückgang von »antisocial behavior« einen mehr als doppelt so großen mittleren Effekt ($d = 0.59$) in der Primarschule im Vergleich zur Sekundarstufe ($d = 0.25$). Auch die Durchführungsdauer trägt entscheidend zur Wirksamkeit bei. Maßnahmen, die über einen Zeitraum von mehr als einem Jahr durchgeführt werden, führen im Mittel zu einer doppelt so großen Reduktion von Verhaltensproblemen wie kürzere Programme (länger als ein Jahr $d = 0.50$ zu $d = 0.24$ bei einer Durchführung unter einem Jahr; ebd.). Für den Aufbau sozialer Fertigkeiten berechnen Sklad et al. (2012) sogar eine deutlich erhöhte Effektivitätsrate (Faktor 5,75) für eine Durchführungsdauer von über einem Jahr im Vergleich zu kürzeren Maßnahmen.

Erziehungspartnerschaften mit den Eltern/multisystemische Ausrichtung: Brezinka (2003) stellt fest, dass multimodal konzipierte Programme und die Maßnahmen, welche die Eltern über einen längeren Zeitraum mit einbeziehen, erfolgversprechender sind. Vor allem für den Rückgang der Problembelastung scheint es wichtig, dass weitere Personen (wie z. B. die Eltern) am Training beteiligt sind. Die mittlere Effektstärke erhöht sich von $d = 0.31$ auf $d = 0.48$, wenn nicht nur Lehrerinnen und Lehrer das Training mitgestalten (Sklad et al. 2012). Die Beteiligung von weiteren Professionellen (wie z. B. Psychologinnen und Psychologen) führt dagegen zu keinen gravierenden Unterschieden in den zu erwartenden Effekten (ebd.).

Reflexion der Theorie durch die Pädagoginnen und Pädagogen: Substanziell wichtig ist es, dass die durchführenden Pädagoginnen und

Pädagogen die Durchführung des Trainings kontinuierlich vor dem Hintergrund der zu Grunde liegenden Theorie reflektieren (Reicher/Jauk 2012). Dieses Kriterium hat einerseits einen engen Bezug zum Transfer in den Alltag: Damit die zentralen Elemente eines Programms im Unterrichts- und Schulalltag aufgegriffen werden können, müssen die theoretischen Zusammenhänge der Lehrkraft präsent sein. Anderseits ist hierfür eine multimodale Ausrichtung des Trainings wichtig, damit die durchführenden Lehrkräfte die Chance haben, sich mit anderen unterstützend auszutauschen und Aspekte, die sich aus dem Training ergeben, supervisorisch zu bearbeiten.

Begleitende Evaluation: Regelmäßige Begleitstudien im Sinne einer Ergebnisevaluation sind von Bedeutung, um Erfolge zu belegen und die Nachhaltigkeit der Programme zu sichern (Reicher/Jauk 2012). Für den Lernerfolg im Unterricht ist ein fundiertes Feedback eine der wirksamsten Methoden (Hattie et al. 2013). Aber auch Lehrkräfte können durch Feedback die Qualität ihrer Arbeit steigern, d.h. ihre Angebote an die Bedürfnisse der Lernenden und die angestrebten Kompetenzziele anpassen. Der Zusammenhang mit dem Punkt 8, der Theoriereflektion, liegt hierbei auf der Hand. Ohne den entsprechenden Theoriebezug ist es nicht möglich, geeignete Kriterien für die Evaluation zu definieren und im Anschluss an die Evaluation Kompetenzerwartungen zu formulieren.

Gute Implementation: Die gute Implementation eines Präventionsprogramms korreliert nach Wilson und Lipsey (2007), die in ihrer Meta-Analyse über 249 Wirksamkeitsstudien ausgewertet haben, mit deutlich höheren Effekten. Die Gelingensbedingungen für eine gute Implementation sind vielfältig mit den Wirksamkeitskriterien verwoben, wie im folgenden Abschnitt zu sehen ist.

Reinke, Stormont, Herman & Newcomer (2014) stellen fest, dass trotz der wachsenden Beweisgrundlage für die Wirksamkeit von präventiven Maßnahmen die tatsächlich erzielten Effekte in den

Schulen aufgrund der Umsetzung dieser Maßnahmen oft nicht das Optimum erreichen. Für eine gelingende Implementation von Programmen in den schulischen Alltag stellen Durlak und DuPre (2008) insgesamt acht Faktoren zusammen:

- Fidelity/Konzepttreue: Je genauer eine Maßnahme umgesetzt wurde, desto erfolgreicher war diese. Ein wichtiges Element, um die Konzepttreue zu fördern, ist die Standardisierung eines Präventionsprogramms (Beelmann/Schmitt 2012)
- Dosage/»Dosierung«: Die Qualität des Präventionsprogramms in der Praxis ist abhängig von den tatsächlich umgesetzten Einheiten. Die zentrale Frage an dieser Stelle ist, ob keine curricular relevanten Elemente ausgelassen wurden.
- Quality/Qualität: Hiermit ist vor allem die Art der Durchführung gemeint, d. h. ob alle zentralen Programmelemente korrekt und für die Teilnehmerinnen und Teilnehmer transparent umgesetzt wurden.
- Participant responsiveness/Teilnehmerinteresse: Die Aufrechterhaltung des Interesses der Kinder während der Durchführung unterstützt eine gelingende Implementation.
- Program uniqueness/Programmbesonderheiten: Verständliche theoretische Ableitung der Inhalte und eine gute Praktikabilität für den Schulalltag tragen zur nachhaltigen Implementierung bei.
- Program reach/Programmreichweite: Moderierende Elemente für die Implementation sind der konkrete Bezug des Programms auf die Bedarfe der teilnehmenden Kinder und wie diese durch die Inhalte des Programms erreicht werden können.
- Program modification/Programmänderung: Dieser Faktor hat eine deutliche Überlappung mit der zuerst aufgeführten Konzepttreue. Von Bedeutung für den Erfolg ist, dass mögliche Anpassungen und Veränderungen des Programms nicht eine andere Intention verfolgen.
- Monitoring/Überwachung und Begleitung: Kriterien hierbei sind einerseits, dass die durchführenden Pädagoginnen und Pädago-

gen in Bezug auf das Training und dessen Umsetzung (Konzepttreue, Umsetzung, Motivation usw.) in Supervisionen begleitet werden und andererseits, dass die Anlage des Programms kontinuierlich in Bezug auf die genannten Faktoren zwei bis sechs hin selbst überwacht wird.

Viele dieser von Durlak und DuPre (2008) aufgestellten Faktoren beziehen sich auf Charakteristika bei der Durchführung. In diesem Zusammenhang hat die Lehrkraft, die ein Präventionsprogramm durchführt, eine zentrale Einflussmöglichkeit auf die Wirksamkeit der Maßnahme. Das persönliche Engagement bei der Programmdurchführung, eine positive Einstellung zum Präventionsprogramm, die Motivation, das Programm hochwertig durchzuführen und vor allem die Vertrautheit mit dem Präventionsansatz sind maßgebliche Einflussfaktoren auf die Effektivität (Beelmann/Schmitt 2012, S. 134).

Lehrkräfte bei der Umsetzung eines Programms im Sinne eines »monitoring« zu begleiten, zeigt sich als stärkster Faktor für die empirische Evidenz (Novins et al. 2013). Auch ähnliche Konzepte, die Lehrerinnen und Lehrer bei der Reflexion der Umsetzung ihrer Arbeit unterstützen, wie z. B. der Einsatz von »coaching«, stellen sich als vielversprechende Ansätze für eine gelingende Implementierung von präventiven Maßnahmen dar (Reinke et al. 2014).

In der Zusammenschau der einzelnen Einflussfaktoren für gelingende Implementation lässt sich feststellen, dass diese eine beträchtliche Schnittmenge mit den Kriterien wirksamer Prävention aufweisen. Ein wichtiger erster Schritt muss es daher sein, die Einflussfaktoren auf die Effektivität eines Präventionsprogramms zu kennen, um die Wirksamkeit zu beurteilen (Petermann/Petermann 2011). Pädagoginnen und Pädagogen, die ein präventives Trainingsprogramm umsetzen, müssen die zugrunde liegende Theorie präsent haben, um die Sinnhaftigkeit der einzelnen Programmelemente zu durchdringen und sich bei der Durchführung des Programms auf die Schülerinnen und Schüler und ihre Bedarfe fokussieren zu können.

2.3 Empirische Befundlage

Schulische Präventionsprogramme sind in den letzten zehn bis 20 Jahren mannigfach entwickelt und erfolgreich evaluiert worden (Denham/Burton 2003; Greenberg et al. 1995; Grossman et al. 1997; Webster-Stratton 1991). Zahlreiche internationale, vor allem englischsprachige Meta-Analysen haben sich mit der Wirksamkeit schulischer Trainingsprogramme zur universellen und selektiven Prävention von Gefühls- und Verhaltensstörungen beschäftigt (Beelmann 2006; Beelmann et al. 2014; Brezinka 2003; Durlak et al. 2011; Lösel/Beelmann 2005; Sklad et al. 2012; Wilson/Lipsey 2007). Die neueste internationale Publikation in diesem Zusammenhang stammt von Sklad und Kollegen (2012). Die Autoren beziehen hier insgesamt 75 Studien universeller schulbasierter Präventionsprogramme mit ein, welche im Zeitraum zwischen 1995 und 2008 veröffentlicht wurden und Wirksamkeitsstudien in ein oder mehreren der folgenden Bereiche vorzuweisen haben:

- Emotionale-soziale Kompetenzen
- Positives Selbstkonzept
- Rückgang von dissozialem Verhalten
- Aufbau prosozialen Verhaltens
- Rückgang von Substanzmissbrauch
- Rückgang von psychischen Störungen
- Akademische Leistungen (Sklad et al. 2012).

Die mittleren Effektstärken zu den sieben definierten Zieldimensionen dieser Meta-Analyse sind in Tabelle 2 zusammengestellt, sowohl für die Wirkung direkt nach einem Training (Post) als auch einige Zeit später (Follow-Up).

Die meisten Studien innerhalb dieser Meta-Analyse fokussieren sich auf die Bereiche emotionale und soziale Kompetenzen und Rückgang von dissozialem Verhalten. Für die praktische Relevanz ergibt sich hierbei eine mittlere Effektstärke von im Durchschnitt

0.70 für den Aufbau von emotionalen und sozialen Kompetenzen und eine kleine durchschnittliche Effektstärke von –0.43 für die Reduktion von dissozialem Verhalten, jeweils direkt nach der Maßnahme.

Tab. 2: Mittlere Effektstärken zu sieben Zieldimensionen universeller schulischer Prävention (Sklad et al. 2012, S. 902)

Zieldimension	**Post**		**Follow-Up**	
	$\overline{ES}$	**N**	$\overline{ES}$	**N**
Emotionale-soziale Kompetenzen	0.70	31	0.07	15
Positives Selbstkonzept	0.46	8	0.07	12
Rückgang von dissozialem Verhalten	-0.43	39	-0.20	16
Aufbau prosozialem Verhaltens	0.39	6	0.12	7
Rückgang von Substanzmissbrauch	-0.09	10	-0.18	24
Rückgang von psychischen Störungen	-0.19	13	-0.10	11
Akademische Leistungen	0.46	10	0.26	7

Im Follow-Up zeigten sich in der Zieldimension »emotionale-soziale Kompetenzen« keine Effektstärken mehr im praktisch relevanten Ausmaß und für den »Rückgang von dissozialem Verhalten« kleine mittlere Effekte an der unteren Grenze der praktischen Bedeutsamkeit. Diese Tendenzen sind dadurch zu erklären, dass im Bereich der emotionalen-sozialen Kompetenzen häufig kognitives Wissen abgefragt wird und diese Abfrage nach dem Training i. d. R. zu größeren Effekten führt (Beelmann/Schmitt 2012; Gollwitzer 2007). Distale Maße, wie beispielweise Verhaltensbeobachtungen und Einschätzungen durch die Lehrkräfte, wie sie häufig für den Bereich »Rückgang von dissozialem Verhalten« genutzt werden, fallen demgegenüber eher geringer aus (Gollwitzer 2007), was sich für den Post-Vergleich in dieser Meta-Analyse hier ebenfalls so widerspiegelt. Dass die Effekte der »emotionalen-sozialen Kompetenzen« bis zur Follow-Up-

Erhebung um durchschnittlich 90 % zurückgehen, könnte daran liegen, dass das erworbene Wissen in der Zwischenzeit nicht weiter thematisiert wurde und die kognitive Präsenz dieses Wissens dadurch so gravierend zurückging. Zudem ist es mit Blick auf die beiden diskutierten Zieldimensionen auffällig, dass die Anzahl der Studien, die mehr als zwei Messzeitpunkte (z. B. Prä, Post und Follow-Up) erheben, im Vergleich zu denen mit einem Zwei-Messzeitpunkte-Design weniger als die Hälfte beträgt (Gollwitzer 2007). Vor diesem Hintergrund scheint es einen gravierenden Nachholbedarf für die Themen *Nachhaltigkeit* und *Transfer der Präventionsinhalte in den Alltag* sowohl in der schulischen Praxis als auch in der Forschung zu geben. So weisen die Daten deutlich darauf hin, dass die im Training geförderten emotionalen und sozialen Kompetenzen konsequenter und expliziter nach Trainingsende im Schulalltag von Pädagogen antizipiert und berücksichtigt werden sollten. Anderseits sollten in der Evaluationsforschung deutlich mehr Längsschnittstudien konzipiert werden, die auch nach Trainingsende (Post-Messung) die weitere Entwicklung der Kinder und Jugendlichen untersuchen.

Die umfangreiche (213 Programme) und viel rezipierte Meta-Analyse universeller schulbasierter Präventionsprogramme von Durlak et al. (2011) kommt zu vergleichbaren Ergebnissen: Für den Bereich sozial-emotionaler Kompetenzen ergibt sich auch hier der größte durchschnittliche Effekt im mittleren Effektstärkenbereich von $d = 0.57$. Im kleinen Effektstärkenbereich bewegen sich die Dimensionen prosoziales Verhalten ($d = 0.24$), emotionaler Stress ($d = 0.24$) und akademische Leistung ($d = 0.27$). Neben diesen Effekten im Bereich Verhalten stellen die Autoren (ebd.) ebenfalls eine Steigerung der Leistungsindikatoren um 11 % durch die präventive Förderung sozial-emotionalen Lernens fest.

Die aktuelle deutschsprachige Meta-Analyse von Beelmann et al. (2014) wertet insgesamt 1285 Effektstärken aus Interventions-Kontrollgruppen-Vergleichen aus. Die größten Effektstärken innerhalb dieser Veröffentlichung ergeben sich einerseits im Wissen in Bezug auf den Präventionsgegenstand ($d_w = 0.55$ – im mittleren Effektstärkenbereich) und andererseits in der sozial-kognitiven Informationsverarbeitung ($d_w = 0.32$ – im kleinen Effektstärkenbereich). In Hinblick auf die Präventionsebene erweisen sich mit $d_w = 0.47$ und $d_w = 0.41$ selektive und indizierte Maßnahmen als wirksamer als universelle mit $d_w = 0.21$ (Beelmann et al. 2014, S. 9). Für das Präventionssetting Schule liegt die mittlere Effektstärke insgesamt mit $d_w = 0.20$ gegenüber beispielsweise Jugend- und Gemeindezentren immerhin noch im kleinen Effektstärkenbereich. Die für diesen Bereich ermittelte Effektstärke von $d_w = 0.14$ hat praktisch keine Bedeutung.

Diese ersten positiven deutschsprachigen Evaluationsergebnisse zur indizierten Prävention reihen sich in die Befunde der internationalen Meta-Analysen ein, die bestätigen, dass in erster Linie Hochrisikokinder stark von der Durchführung von Präventionsprogrammen profitieren (Beelmann 2003; 2006; Brezinka 2003; Wilson/Lipsey 2007). Die mittlere Effektstärke von selektiven/indizierten Zugängen liegt zwischen einer Effektstärke von $d_w = 0.34$ (Beelmann 2003; 2006) und $d_w = 0.47$ (Beelmann et al. 2014) Wichtig dabei ist jedoch die Berücksichtigung der Einflussfaktoren auf die Wirksamkeit und eine gute Implementation der Maßnahme (Fingerle et al. 2012).

2.4 Grundlagen evidenzbasierter Förderung

Bei der existierenden Fülle an schulischen Präventionsmaßnahmen ist sowohl eine Systematisierung des Forschungsstandes als auch eine Bewertung der Programme unabdingbar. In diesem Zusammenhang wird oft das Kriterium der Evidenzbasierung als Qualitätsmerkmal pädagogischen Handelns postuliert. Evidenzbasierte Pädagogik fragt danach, ob ein vorteilhafter Effekt durch die jeweilige Maßnahme wissenschaftlich mittels empirischer Methodik nachgewiesen werden kann, da pädagogische Fachkräfte ansonsten einer erhöhten Gefahr fehlerhafter Schlussfolgerungen ihrer praktischen Implikationen ausgesetzt sind:

»*Without evidence of efficacy, health care professionals are forced to rely exclusively on their direct experience of the effects of different interventions – an approach that risks erroneous conclusions*« (APA 2002, S. 1054).

Da im theoretischen Diskurs nicht klar ist, was genau unter Evidenzbasierung zu verstehen ist, gilt es, dieses Konstrukt näher zu analysieren und die diesem Buch zugrunde liegende Definition zu verdeutlichen (Bellmann/Müller 2011).

Etymologisch meint der Begriff »Evidenz« Augenscheinlichkeit bzw. völlige Klarheit und beschreibt einen Sachverhalt, der nicht erklärt oder begründet werden muss, sondern sich von selbst versteht. Diese Wortbedeutung läuft der in der Erziehungswissenschaft vielfach postulierten Evidenzbasierung, die forschungsmethodisch hochwertig die Effektivität pädagogischer Maßnahmen zu erklären versucht, jedoch diametral entgegen. Die hierzulande allgemeingültige Auffassung einer evidenzbasierten Pädagogik lehnt sich stärker an die Übersetzung des Begriffs »evidence« aus dem Englischen an. Hiermit ist ein »Beweis» oder »«Nachweis« eines Sachverhaltes gemeint oder, in einem weiteren Sinne, jedes Mittel der Bestätigung und Rechtfertigung einer Annahme, die begründet werden soll (Jornitz 2009). Gemeint ist also gerade nicht das Augenscheinliche bzw. das, was auf der Hand liegt, sondern vielmehr der durch empirische Forschung gewonnene Nachweis darüber, was wirkt. Dieses Wissen bildet gleichzeitig die Grundlage des Handelns einer »evidenzbasierten Praxis« in der Pädagogik (Bellmann/Müller 2011).

Evidenzbasierung in der Pädagogik

Evidenzbasiertes pädagogisches Handeln orientiert sich an den in der Medizin formulierten Standards (Sackett et al. 1997). Mit dem Ziel, die Fülle an medizinischem Wissen und Therapieformen zu systematisieren und zu bewerten, wurden klare Standards und Qualitätsmerkmale definiert, die eine »evidenzbasierte Medizin« (EbM) erfüllen muss. Leitgebend ist in diesem Zusammenhang immer die Forschungsfrage, die mit einem bestimmten Studiendesign zu beantworten versucht wird. Ein solches Verständnis von der Forschungsfrage als für die Untersuchung leitgebendes Instrument lässt sich auch für den pädagogischen Kontext adaptieren.

Das Oxford Centre for Evidence-Based Medicine (2011) kategorisiert in diesem Zusammenhang verschiedene Qualitätsstufen der Evidenzbasierung.

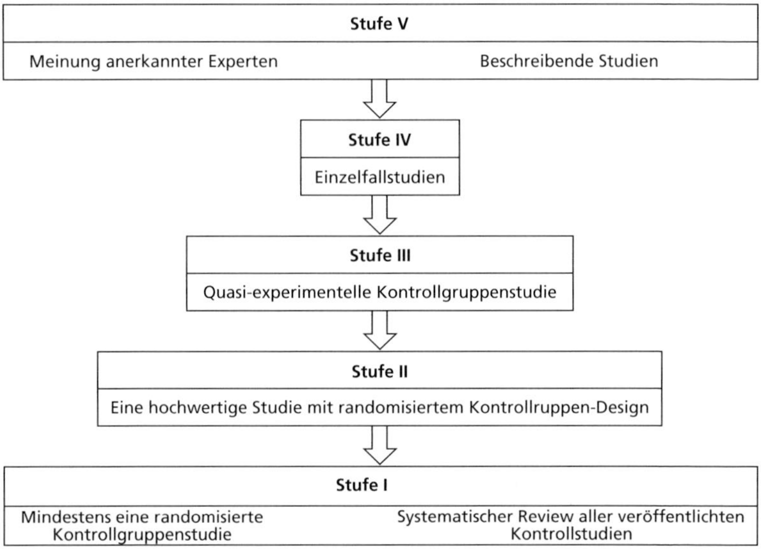

Abb. 4: Modifizierte Evidenzhierarchie in Anlehnung an das Oxford Centre for Evidence-based Medicine (2011)

Die Hierarchie von Stufe V (geringe Evidenz) bis Stufe I (hohe Evidenz) wird auch in der Pädagogik häufig als Grundlage für die Bewertung von Präventionsprogrammen genutzt. Die Betrachtung eines solchen Modells muss jedoch mit folgenden Einschränkungen erfolgen:

- Ein vollständiges randomisiertes Kontrollgruppendesign im eigentlichen Sinne ist im schulischen Setting der pädagogischen

Feldforschung kaum realisierbar, da Schülerinnen und Schüler nicht aus ihrem Klassenverband gelöst und in neue Gruppen zusammengesetzt werden können. Demnach liegt in vielen Studiendesigns, die von einem randomisierten Kontrollgruppendesign berichten, vielmehr ein quasi-experimentelles Kontrollgruppendesign vor.

- Je nach dem, wann die Präventionsmaßnahmen entwickelt wurden, befinden sich alle in unterschiedlichen Stufen der Entwicklung und können demnach auf eine unterschiedlich breite Basis des wissenschaftlichen Erkenntnisgewinns zurückgreifen. So kann beispielsweise schon die Meinung von Lehrern als Experten ausreichend begründen, warum die Maßnahme wirken sollte. Hierauf aufbauend gälte es dann, die Wirksamkeit zu überprüfen und zu erforschen, ob die Wirkung tatsächlich von der Intervention ausgeht. Ein solches Verständnis von Forschung als zirkulärer Prozess macht deutlich, dass die Evaluation von pädagogischen Maßnahmen fortlaufen und stets nach der höheren Stufe der Evidenzbasierung streben sollte.
- In diesem Zusammenhang ist es demnach von hoher Bedeutung, dass die Charakteristika der unterschiedlichen Forschungsdesigns wie Stichprobengröße und Messinstrumente bei der Bewertung und Interpretation beachtet werden.
- Die gründliche Herleitung einer Theorie, auf der das Programm basiert, findet in einem solchen Modell keine Beachtung. Allerdings lässt auch eine gute Theorie die Annahme zu, dass eine bestimmte pädagogische Maßnahme wirksam ist. Zum anderen ist es im Paradigma des kritischen Rationalismus gerade die Theorie, die es im Forschungsprozess zu überprüfen gilt.

Eine rein empirische Bewertung von Präventionsmaßnahmen greift demnach für den schulischen Kontext zu kurz. Vielmehr gilt es anzudenken, inwiefern die Entwicklung eines neuen, pädagogisch geprägten Modells der Evidenzbasierung sinnvoll wäre, um auch schwer quantifizierbare Parameter in der Erziehungs- und Entwicklungswirklichkeit zu berücksichtigen und ein ganzheitlicheres Abbild der erzielten Wirkungen zu erreichen. In einem solchen Entwurf könnte man z. B. quasi-experimentellen Kontrollgruppendesigns und hochwertigen Einzelfallstudien eine höhere Bedeutung beimessen.

Solange muss das gängige Modell der Evidenzbasierung herangezogen werden. Es kann trotz der oben genannten Einschränkungen viele Informationen über pädagogische Praxis bieten und als eine wichtige Bewertungsgrundlage für pädagogisches Handelns angesehen werden.

Nachdem die zentralen Gelingensbedingungen für die Prävention von Gefühls- und Verhaltensstörungen in der Schule dargestellt wurden, Formen von Präventionsmaßnahmen im schulischen Kontext klassifiziert wurden und die Diskussion von Wirksamkeitsfaktoren und den Faktoren für eine gelingende Implementation in die Schulpraxis dargestellt wurde, folgen im nächsten Kapitel konkrete Hinweise für die Umsetzung in einer präventiven Schule.

3

Ein pädagogisches Leitbild: die präventive Schule

In den bisherigen Kapiteln wurden grundlegende Informationen über die emotionale und soziale Entwicklung im Kindesalter und zur Prävention von Gefühls- und Verhaltensstörungen gegeben. Welche Konsequenzen für die Gestaltung von Schule und Unterricht sich daraus ergeben, ist Inhalt der weiteren Kapitel. Im Folgenden wird zunächst die Schule als Präventionssetting vorgestellt. Danach wird auf das pädagogische Leitbild einer »präventiven Schule« eingegangen, um Arbeitsmodelle zur praktischen Umsetzung präventiver Leitideen anzubieten. Dazu werden zunächst Überlegungen zu einer fürsorglichen Schule auf allen Ebenen dargestellt. Darauf folgt die Beschreibung eines Mehrebenen-Präventionsschema nach Dan Olweus. Schließlich wird der Response-to-Intervention-Ansatz (RTI) als mögliches Rahmenmodell einer präventiv arbeitenden Schule vorgestellt und diskutiert.

3.1 Schule als Präventionssetting

Im Rahmen der Fokussierung auf das Kindes- und Jugendalter entwickelte sich Schule rasch »zum wichtigsten Setting präventiver Maßnahmen« (Beelmann 2008, S. 442), vor allem, da sie für alle Kinder und Jugendliche zugänglich ist (Brezinka 2003). Darüber hinaus bietet die Schule für die Prävention von Gefühls- und Verhaltensstörungen eine Reihe von weiteren Vorteilen, die Reicher und Jauk (2012) wie folgt zusammenfassen:

- Durch die generelle Schulpflicht sind im Setting Schule nahezu alle Kinder und Jugendlichen erreichbar.
- Da Pädagoginnen und Pädagogen, Räume und häufig auch entsprechendes Material in Schulen bereits vorhanden sind, ist die Schule in Bezug auf Logistikressourcen im Vergleich zu anderen Settings ein sehr ökonomischer Standort für Prävention. Insbesondere gezielte Prävention kann effizient eingesetzt werden, weil auch die Zielgruppen mit bereits entwickelten Auffälligkeiten die Schule besuchen.
- Die Prävention von Gefühls- und Verhaltensstörungen entspricht zudem auch dem Bildungsauftrag der Schule. Soziales Lernen ist Element des schulischen Auftrags und besonders effektiv in Peergroups, wie sie die Schule bietet.

Dieser formulierte Bildungsauftrag findet sich auch in den Richtlinien und Lehrplänen der einzelnen Bundesländer wieder. So ist das soziale und emotionale Lernen vor allem in den Fächern Sprache, Sachunterricht, Religion, Kunst und Sport curricular verankert und wird häufig explizit von diesen eingefordert (Hillenbrand/ Hennemann 2006). Die Lehrpläne für die Grundschule des Landes Nordrhein-Westfalen, welche auch die Bezugsnorm für die Förderschule sind, fordern durchgängig auch die Förderung emotionaler und sozialer Kompetenzen wie Gefühle benennen, die anderen wahrnehmen und darauf reagieren, Konfliktlösungen anstreben, Meinung anderer akzeptieren und die eigene Meinung und Sichtweise mit Argumenten vertreten. Als übergeordnetes Ziel formuliert dieser Lehrplan, »die Kinder zu unterstützen, die Welt zunehmend eigenständiger zu erschließen, tragfähige Wertvorstellungen im Sinne der demokratischen Grundordnung zu gewinnen und dadurch Urteils- und Handlungsfähigkeit zu entwickeln« (MSW NRW 2008, S. 14).

- In den Kompetenzerwartungen zu *Deutsch* und *Englisch* findet man Aspekte wie einfache Gesprächsregeln miteinander aufstellen und beachten: Blickkontakt aufnehmen – sich melden – erst sprechen, wenn man aufgerufen wird – zuhören – ausreden lassen – niemanden auslachen – das Wort weitergeben; Partnergespräche führen – Probleme und Konflikte besprechen – Gefühle zum Ausdruck bringen (auch nonverbal) – angemessen die eigene Meinung äußern (MSW NRW 2012, S. 25 ff.).
- Im *Sachunterricht* werden u. a. im Bereich »Mensch und Gemeinschaft« Kompetenzen aufgeführt wie: Formulieren eigener Bedürfnisse, Gefühle und Interessen – sich in die Bedürfnisse, Gefühle und Interessen anderer versetzen und aus deren Sicht argumentieren – Lösungsmöglichkeiten für Konfliktsituationen entwickeln, diese darstellen und ihre Wirkungen überprüfen (MSW NRW 2012, S. 47).
- Im *Kunstunterricht* wird gefordert: Sprechen über Empfindungen und Gefühle bei der Betrachtung von Bildern und Objekten (MSW NRW 2012, S. 109).
- Der *Sportunterricht* beinhaltet »Gefühle in und durch Bewegung ausdrücken (Wut, Trauer, Freude, Angst, Anspannung und Entspannung)« (MSW NRW 2012, S. 128).

- »Eigene Lebenserfahrungen und Gefühle zur Sprache zu bringen [und] mit denen anderer zu vergleichen« (MSW NRW 2012, S. 152), ist Teil des Religionsunterrichts.

Auch in den Richtlinien und Lehrplänen der anderen Bundesländer sind diese sozialen und emotionalen Fähigkeiten in ähnlicher Weise als Lernziele in den jeweiligen Fächern wiederzufinden. Ein Beispiel hierfür sind u. a. die fächerübergreifenden Bildungs- und Erziehungsziele für die Grundschule in Bayern: Schülerinnen und Schüler üben Selbstbeherrschung, übernehmen Verantwortung und zeigen Hilfsbereitschaft. Sie gestalten Beziehungen auf der Grundlage von Konflikt- und Kommunikationsfähigkeit, Empathie, Toleranz und Selbstbestimmtheit. Sie haben Respekt vor anderen Standpunkten und sind fähig, Kompromisse zu schließen, die der Gemeinschaft nützen. Sie setzen sich mit den Themenfeldern »Stress/psychische Gesundheit«, »Sucht-/Gewaltprävention« auseinander und lernen, achtsam und verantwortungsvoll mit sich selbst umzugehen (München 2014).

Aus sonderpädagogischer Sicht kommt der Prävention von Gefühls- und Verhaltensstörungen im schulischen Kontext eine zentrale Bedeutung zu, sodass die Ständige Konferenz der Kultusminister der Länder im Rahmen der Empfehlungen zur sonderpädagogischen Förderung z. B. im Förderschwerpunkt Emotionale und soziale Entwicklung einen eigenen Präventionsauftrag formuliert: »Durch vorbeugende Maßnahmen können die Verfestigung sozial unangemessener Handlungsmuster frühzeitig verhindert, erwünschte angebahnt und dadurch die schulische Entwicklung positiv beeinflusst werden« (KMK 2000, S. 3).

Dieser umfassende und zentral in den Lehrplänen verankerte Präventionsauftrag der Schule stellt die Lehrkräfte vor große Herausforderungen. Wie können ein systematischer Aufbau von Schutzfaktoren und eine Reduktion von Risiken gelingen? Insbesondere belastende Faktoren wie eine geringe Aufmerksamkeit, mangelnde Fähigkeiten der Kommunikation und wenig ausgeprägte sozial-emotionale Kompetenzen der Schülerinnen und Schüler stellen die größten Besorgnisse für Lehrkräfte dar (Lindsay 2007). Zudem wird die Komplexität des ohnehin schon hochkomplexen Lehrerberufes durch eine extreme Heterogenität der Schülerschaft, wie sie nicht nur in Förderschulen vorherrscht, verstärkt (Forlin et al. 2008). Eine wichtige Ressource sowohl für die einzelnen Lehrkräfte als auch für die Schule insgesamt ist die Fokussierung auf evidenzbasierte Präventionsansätze und Programme, deren Wirkung sich empirisch bestätigt hat und deren Gelingensbedingungen bekannt sind. Eine entsprechend differenzierte Auseinandersetzung mit Präventionsmaßnahmen ist die zentrale Aufgabe der Präventionsforschung (Fingerle et al. 2012; Beelmann/Raabe 2007).

Im Nachfolgenden werden beispielhaft zwei Rahmenkonzepte präventiver Arbeit vorgestellt, die in ihrer Wirksamkeit überprüft wurden und als Modell für eine präventive Schule dienen können.

3.1.1 »Die fürsorgliche Schule« (Opp/Puhr 2003)

Schule ist ein Ort, an dem zahlreiche Akteure miteinander interagieren (müssen). Schulleitung, Lehrerinnen und Lehrer und Schülerinnen und Schüler sowie sozialpädagogische Fachkräfte bilden eine soziale Gemeinschaft, die nicht individuell frei gewählt wird, sondern institutionell vorgegeben ist. Daraus resultiert die Notwendigkeit, gemeinsam einen Ort zu schaffen, an dem sich alle Beteiligten wohlfühlen und Lernen und Lehren möglich ist. In diesem Zusammenhang konstruieren Opp und Puhr (2003) die Schule als fürsorgliche Gemeinschaft, deren soziale Struktur, Atmosphäre und Klima Indikatoren für den schulischen Erziehungs- und Präventionserfolg sind (Opp/Puhr 2003, S. 110). Mit dem Ziel, Vertrauen, Hoffnung und Optimismus für das eigene Leben zu entwickeln, muss eine fürsorgliche Schule die Möglichkeit bieten, dass Kinder und Jugendliche ihre Leistungsfähigkeit, Erfolge, Lob, Bestätigung, Freundschaft, Hilfe, aber auch Konflikte und Widerstand erleben (ebd.). Eine wertschätzende Beziehung aller Akteure untereinander sowie Vertrauen bilden dabei die Grundlage.

Doch wann empfinden Lehrerinnen und Lehrer, Schülerinnen und Schüler eine Schule als »fürsorglich«? Opp und Puhr (2003) liefern mögliche Antworten auf den unterschiedlichen Ebenen. So empfinden Schülerinnen und Schüler Fürsorge,

- »wenn sie von den Lehrkräften als Persönlichkeit anerkannt und respektiert werden,
- wenn die Lehrkräfte ihnen zuhören und ihre Anstrengungen anerkennen,
- wenn die Lehrerinnen und Lehrer fürsorglich sind,
- wenn sie eine eher aktive als passive Rolle in den schulischen Lernprozessen übernehmen können,
- wenn mit ihnen gesprochen, statt über sie hinweg geredet wird und
- wenn die Lehrkräfte sensibel in der Wahrnehmung ihrer Lernprobleme sind.« (Opp/Puhr 2003, S. 111).

Auf der anderen Seite gibt es weitere Indikatoren, anhand derer eine fürsorgliche Schule für das pädagogische Personal spürbar ist. Unter anderem empfinden Lehrerinnen und Lehrer die Schule als fürsorglich,

- »wenn sich die Schülerinnen und Schüler von ihnen geschätzt fühlen.
- wenn sie an die Lernfähigkeit und die Zukunftschancen der Kinder glauben, […]
- wenn die Schülerinnen und Schüler ihr vorhandenes Wissen in den Unterricht einbringen können.
- wenn sie vorhandenes Wissen kritisch überprüfen. […]
- wenn die Lehrkräfte gemeinsame pädagogische Wertvorstellungen teilen« (Opp/Puhr 2003, S. 111 f.).

Ergänzend definieren die Autoren weitere Kriterien für eine fürsorgliche Schule. So sind z. B. eine sichtbare und ansprechbare Schulleitung, Unterstützung für die Lehrkräfte, ein hohes Sicherheitsgefühl und eine hohe Beteiligung der Schülerinnen und Schüler an Entscheidungsprozessen wichtige Indikatoren für eine Schule, die als fürsorgliche Gemeinschaft erlebt wird. Auch die von Opp und Puhr (2003) empfohlenen Rahmenbedingungen einer fürsorglichen Schule gründen sich auf Grundannahmen menschlicher Kommunikation und Interaktion, die dem Menschenbild, der Haltung und den Verhaltensvariablen der humanistischen Pädagogik und Psychologie entsprechen. Wiederum wird die Notwendigkeit der Reflexion der eigenen Grundhaltung und des pädagogischen Handelns als übergreifende professionelle Kompetenz von Lehrpersonen deutlich.

3.1.2 »Gewalt in der Schule« (Olweus 2008)

Das »Olweus Bullying Prevention Program« (Olweus 2008) knüpft an diese Grundideen an und empfiehlt Handlungsmöglichkeiten einer präventiven Schule auf verschiedenen Ebenen. Olweus' Schulkonzept liefert praktische Ansatzpunkte für die Entwicklung eines präventiven Schulsystems. Das Programm zielt per Konzeption darauf ab, Gewalt an Schulen zu verringern, die Beziehungen einzelner Akteure an Schulen zu verbessern sowie die Sozialkompetenz der Schülerinnen und Schüler zu fördern. Hierfür schlägt Olweus (2008) einen dreifach gestuften Maßnahmenkatalog auf 1. der persönlichen Ebene, 2. der Klassenebene und 3. der Schulebene vor, die nachfolgend näher beschrieben werden.

Persönliche Ebene: Maßnahmen, die auf der persönlichen Ebene aufgeführt werden, sind Gespräche mit den Schülerinnen und Schülern und mit den Eltern. Den Kindern und Jugendlichen einer Schule soll das Gefühl von Unterstützung seitens der Schule vermittelt werden. Es gibt das Angebot von Diskussionsgruppen für Eltern. In Krisensituationen kann auf persönlicher Ebene auch ein Klassen- oder Schulwechsel angedacht werden.

Klassenebene: In Olweus' Konzept spielen Klassenregeln eine wichtige Rolle. Im Sinne eines effektiven Classroom Managements

(s. u.) gehen damit die Transparenz der Regeln sowie klare Konsequenzen einher. Regelmäßige Klassengespräche, Rollenspiele und kooperative Lernformen sind weitere Maßnahmen auf Klassenebene. Unter diesem Aspekt wird auch die Zusammenarbeit des Elternbeirates einer Klasse und der Lehrer gefasst.

Schulebene: Auf Schulebene schlägt Olweus eine Fragebogenerhebung vor, die in schwierigen Zeiten konkret das Problem erfassen kann. Die Durchführung eines pädagogischen Tages sowie einer Schulkonferenz zur Verabschiedung schulweiter Maßnahmen wer-

Tab. 3: Beispielhafte inhaltliche Füllung eines Mehrebenen-Präventionsschema

	Persönliche Ebene	Klassenebene	Schul-/Systemebene
Indiziert	• Auszeiten • Raumwechsel • Verstärkerpläne • Klassendienste übernehmen	• Präventionsprogramme	• Vernetzung • Kooperative Beratung • Schulsozialarbeit • Hilfeplangespräche • Präventionsprogramme
Selektiv	• Verhaltens-/Lern-coaching • Verstärkerpläne • Persönliche Gespräche • Beziehungsarbeit	• Regelmäßiges Feedback • Empathieförderung • Verstärkerpläne • Präventionsprogramme	• Präventionsprogramme • Aktive Pausengestaltung • Streitschlichtung
Universell	• Beziehungsarbeit • Nonverbale Signale • Differenzierung als durchgehendes Unterrichtsprinzip • Verstärkerpläne • Wertschätzung • Klassendienste	• Effektives Classroom Management • Klassenregeln • Klassenrat • Präventionsprogramme	• Klare, positive Schulregeln und Konsequenzen • Angenehme, räumliche Gestaltung • Wertschätzung • Pädagogisches Leitbild • Präventionsprogramme

den angedacht. Weitere Maßnahmen sind die Regelung der Pausenaufsicht, die Gestaltung einer aktiven Pause, die Gestaltung eines schönen Schulhofs etc. Auch auf dieser Ebene wird die Kooperation von Eltern und Lehrern berücksichtigt.

Verknüpft man Olweus' Schulkonzept mit der universellen, selektiven und indizierten Ebene der Prävention (Brezinka 2003, 72f.; Kapitel 2.1 im vorliegenden Buch), ergibt sich ein Mehrebenen-Präventionsschema, das sich inhaltlich nach Störungsform, individuellem Bedarf und Präferenz der Lehrkraft füllen lässt und in das sich konkrete Maßnahmen und Handlungsmöglichkeiten einer präventiven Schule einordnen lassen.

Zu beachten ist, dass eine strikte Trennung der einzelnen Ebenen nicht immer möglich und gewünscht ist. Es gibt durchaus Maßnahmen, deren Anwendung auf allen Ebenen Sinn macht. Des Weiteren bedingen sich viele der Maßnahmen gegenseitig. Im Folgenden sollen die drei Ebenen vertiefend vorgestellt sowie jeweils konkrete pädagogische Handlungsmöglichkeiten exemplarisch betrachtet werden.

3.2 Mehrebenenansatz pädagogischer Prävention

Individuelle Ebene. Auf der individuellen Ebene werden pädagogische Maßnahmen für einzelne Schülerinnen und Schüler initiiert. Neben der im Bereich der emotional-sozialen Entwicklung fundamentalen Beziehungsarbeit können dies außerdem Verstärkerpläne, Kontingenzverträge oder Maßnahmen zur Verhaltensmodifikation sein. Wichtig ist, dass der Schüler im Fokus der entsprechenden Förderung steht, mittels derer versucht wird, eine individuelle Verhaltensänderung zu bewirken. Rekurriert man auf das Response-to-Intervention-Konzept (RTI), arbeitet man auf dieser Ebene von der individuellen Lernausgangslage des Kindes ausgehend an einem förderbedürftigen Verhaltensbereich. In diesem Zusammenhang ist die Kooperation mit dem Kind wichtig, also die Transparenz dessen und die Offenheit darüber, was und wie etwas gefördert wird.

Hartke und Vrban (2011) liefern mit ihren »49 Handlungsmöglichkeiten bei Verhaltensstörungen« konkrete Präventions- und Interventionsmöglichkeiten, die sich zum Einsatz auf individueller Ebene eignen. Im Sinne des RTI-Ansatzes koppeln sie die Diagnose förderbedürftiger Verhaltensbereiche eng an die daraus resultierende Förderung.

Unter der Lupe: 49 Handlungsmöglichkeiten bei Verhaltensauffälligkeiten

Mit den *49 Handlungsmöglichkeiten bei Verhaltensstörungen* (Hartke/Vrban 2011) liefern die Autoren eine systematische und evidenzbasierte Konzeption zur schulischen Förderung von Verhalten, die an einer engen Verknüpfung von Diagnose und Förderung orientiert ist (Hartke/Vrban 2011). In dem Werk wird ein Fundus an bewährten und erfolgreich erprobten pädagogisch-psychologischen Handlungsansätzen hinsichtlich verschiedener Förderbereiche (aggressives Verhalten, Angst, Schulabsentismus, Arbeitsverhalten) und ihrer theoretischen Fundierung (kognitionspsychologisch, lerntheoretisch, schülerzentriert) systematisiert. Der Auswahl einer geeigneten Fördermethode für einen bestimmten Schüler ist die Diagnose vorangestellt, die mittels eines standardisierten Einschätzungsbogens (*Schulische Einschätzung des Verhaltens und der Entwicklung*, SEVE) erfolgt. Durch die Auswertung des Diagnosebogens wird man zu einem der oben benannten Förderbereiche geleitet, sodass man gezielt die aufbereiteten Materialien sichten kann. In einer Studie an 180 Schülerinnen und Schülern einer dritten Klasse konnte die Wirksamkeit der Maßnahme nachgewiesen werden. Kinder, die mit den Handlungsmöglichkeiten gefördert wurden, zeigten nach drei Monaten einen deutlichen Rückgang von Verhaltensproblemen sowie bessere Lernfortschritte, die sich insbesondere im Lesen bemerkbar machten (Hartke/Vrban 2009). Außerdem konnte die Reliabilität und Validität des Erhebungsbogens nachgewiesen werden (ebd.).

Unter anderem berücksichtigen Vrban und Hartke umfangreich lerntheoretische Ansätze und arbeiten deren Effektivität in Bezug auf die schulische Förderung heraus (Hartke/Vrban 2009). Dabei haben sich besonders Maßnahmen der Verhaltensmodifikation als wirksam und praktikabel erwiesen. Mögliche Maßnahmen der Verhaltensmodifikation sind Verstärkersysteme und Verhaltensverträge, die in individueller Absprache und Entwicklung mit dem Kind angewendet werden. Verstärkersysteme setzen auf die Methode des operanten Konditionierens nach Skinner (Myschker/Stein 2014). Dabei besteht die Möglichkeit, Verhalten durch das gezielte Setzen von Verstärkern zu modifizieren. Es kann sowohl unerwünschtes Verhalten sanktioniert (z. B. durch Verstärkerentzug) als auch wünschenswertes Verhalten unterstützt werden.

Verhaltensverträge stellen eine spezifische Form der Verstärkung dar und sind als Ergebnis eines »Problemlösegesprächs« zwischen Lehrer und Schüler zu verstehen. Sie halten bestimmte Verhaltensziele und Vereinbarungen schriftlich fest. Die Einhaltung der Vertragsmodalitäten wird dabei regelmäßig und verbindlich überprüft. Wenn der Vertrag von beiden Seiten erfüllt wird, gibt es eine »Prämie«, die bei Vertragsabschluss ausgehandelt wurde und den Schüler in seinem positiven Verhalten verstärken soll.

Die Kooperative Verhaltensmodifikation (Schley 1989) stellt einen weiteren lern- bzw. verhaltenstheoretischen Handlungsansatz auf individueller Ebene dar. Im Gegensatz zum Großteil der verhaltenstheoretischen Handlungsmöglichkeiten bezieht dieses Modell Aspekte des sozialen Lernens mit ein und fokussiert ausdrücklich die Förderung der Schüler-Lehrer-Interaktion im Unterricht. Als Grundannahme der Kooperativen Verhaltensmodifikation gelten eine grundsätzliche Störungsanfälligkeit von Erziehung und Unterricht sowie eine hohe Komplexität schulischer Situationen. In ihrem Konzept sieht die Kooperative Verhaltensmodifikation drei maßgebliche Arbeitsschritte vor (Schley 1989):

1. Diagnosephase
   - Problemdefinition aus Lehrersicht
   - Problemdefinition aus Schülersicht
   - Integration beider Wahrnehmungen
2. Planungsphase
   - Zieldefinition
   - Methodenauswahl zur Erreichung der Ziele
   - Aufstellen eines Aktionsplanes
3. Interventionsphase
   - Methodeneinsatz
   - Stabilisierung von Ergebnissen
   - Evaluation

Entscheidende Gelingensbedingung der Maßnahme ist also die Zusammenarbeit zwischen Lehrer und Schüler. Redlich und Schley (1978) liefern Leitfäden zur Umsetzung der genannten Phasen.

Klassenebene. Zahlreiche Meta-Analysen belegen den Zusammenhang von Klassenklima und Lern- und Verhaltensproblemen im Unterricht (z. B. Durlak et al. 2011; Wilson/Lipsey 2007). In diesem Zusammenhang haben sich klassenweite pädagogische Handlungsmöglichkeiten als förderlich für ein positives soziales Klassenklima erwiesen (Durlak et al. 2011). So sind z. B. Präventionsprogramme (Kapitel 4 in diesem Buch) effektive Maßnahmen, die auf klassenweiter Ebene emotional-soziale Kompetenzen fördern und gleichermaßen die Reduktion von Verhaltensstörungen verhindern können. Auch klassenweite Verstärkerpläne, Klassenregeln sowie regelmäßiges Feedback haben sich auf dieser Ebene als erfolgversprechend erwiesen.

Ein ganzheitlicher Ansatz, der auf Klassenebene ansetzt, ist der des effektiven Classroom Managements. Zahlreiche nationale und internationale Studien belegen, dass Schülerinnen und Schüler in Klassen mit gelingendem Classroom Management in ihrem Lernen wie auch in ihrer sozial-emotionalen Entwicklung profitieren (Helmke 2010) und Lehrkräfte unter einem geringeren Maß an Unterrichts- und Verhaltensstörungen leiden. Zudem steht ihnen erheblich mehr Zeit für den eigentlichen Unterricht zur Verfügung. Kein anderes Merkmal ist so eindeutig und konsistent mit dem Leistungsniveau und dem Lernfortschritt von Schulklassen verknüpft wie die Klassenführung (Hattie 2011). Die Klassenführung erweist sich zudem als eine der effektivsten Methoden zur Intervention bei externalisierenden Störungen von Schülerinnen und Schülern.

Tab. 4: Kriterien effektiven Classroom Managements

proaktiv	reaktiv
• Klassenraum vorbereiten • Regeln und Verfahrensweisen planen und unterrichten • Konsequenzen festlegen • Positives (Lern-)Klima schaffen • Beaufsichtigen und Überwachen • Vorbereiten des Unterrichts • Verantwortlichkeit der Schüler • Unterrichtliche Klarheit • Kooperative Lernformen	• Unterbindung unangemessenen Schülerverhaltens • Strategien für potenzielle Probleme

Eine differenzierte und konkrete Übersicht, in welchen Dimensionen eine so verstandene effektive Klassenführung abläuft, liefern Evertson & Emmer (2009) sowie Helmke (2010), die elf Prinzipien effektiven Classroom Managements definieren. Sie unterscheiden dabei proaktive und reaktive Kriterien. Im Folgenden sollen die elf Prinzipien der effektiven Klassenführung nach Evertson & Emmer (2009) sowie Helmke (2010) näher betrachtet werden. Die einzelnen Strukturen der unterschiedlichen Kriterien sind sehr eng miteinander verwoben, sodass viele Elemente in mehreren der Prinzipien zu finden sind und sich alle Inhalte aufeinander beziehen und gegenseitig bedingen. Der Erfolg der Einführung und Umsetzung eines effektiven Classroom Managements hängt von der intensiven Vernetzung der einzelnen Prinzipien untereinander ab (Hövel/Hennemann 2013) und bedarf einer kontinuierlichen kritischen Reflexion der jeweiligen Wirkeffekte.

I. Vorbereitung des Klassenraums. Ein gut vorbereiteter Klassenraum bietet sowohl den Schülerinnen und Schülern als auch den Lehrkräften Orientierung und Sicherheit. Er trägt dazu bei, Staus und Störungen zu vermeiden und stellt Verhaltensklarheit für alle Bereiche und Situationen her. Auf dieser Basis ermöglicht er den Einsatz vielfältiger Methoden, vermeidet dabei aber eine Reizüberflutung und schafft so eine Wohlfühlatmosphäre (Hövel/Hennemann 2013). Für die Umsetzung hat sich bewährt darauf zu achten, dass

- »Verkehrslinien« (die Schülerinnen und Schüler nutzen, um Material zu organisieren usw.) frei sind;
- Tische in Entsprechung der überwiegend genutzten Unterrichtsform gestellt werden;
- die Lehrkraft eine räumliche Nähe zu Schülerinnen und Schülern hat;
- die Anordnung von Plakaten in der Klasse übersichtlich ist;
- Materialien beschriftet sind;
- Klassenregeln an einem prominenten Ort für alle sichtbar hängen;
- es für spezielle Ecken des Raumes (z. B. PC) spezielle, ersichtliche Regeln gibt und
- der Raum insgesamt in Funktionsbereiche unterteilt ist.

II. Regeln und Verfahrensweisen planen und unterrichten. Auch dieser Aspekt bietet Kindern und Lehrkräften Sicherheit. Regeln und Abläufe tragen elementar dazu bei, Störungen zu reduzieren und erhöhen somit deutlich den Anteil effektiver Lernzeit. Damit Regeln und Abläufe funktionieren können, sollte darauf geachtet werden, dass

- man Kinder nicht vor anderen Kindern bloßstellt;
- »Nein« auch wirklich »Nein« heißt;
- man auch auf Kleinigkeiten achtet, damit diese nicht groß werden und
- Konsequenzen bekannt sind, eingefordert und nachgehalten werden.

Für die konkrete Aufstellung von Regeln ist es hilfreich, dass

- Schülerinnen und Schüler schon zu Beginn der Regelerstellung beteiligt sind und ihnen die Regeln transparent sind;
- man klare Vorstellung von dem hat, was einem wichtig ist;
- festgelegt wird, welche Regeln wann und wo gelten;
- die Regeln mit allen beteiligten Kollegen abgesprochen sind und
- nicht mehr als vier bis fünf Regeln, positiv formuliert, für die Klasse aufgestellt sind.

Auch die Verfahrensweisen und Prozeduren, also regelmäßig wiederkehrende Abläufe, müssen von Beginn an eingeführt und eingeübt werden (z. B. Einholen von Hilfe, Tätigkeit nach Beendigung der Arbeit, Raumwechsel etc.). Dazu ist es sehr hilfreich, wenn Erwartungen deutlich benannt werden. In diesem Zusammenhang können Visualisierungen nützlich sein (Hövel/Hennemann 2013).

III. Konsequenzen festlegen. Dieses Kriterien umfasst sowohl positive (was passiert wenn ein Kind erwünschtes Verhalten zeigt) als auch negative Konsequenzen (was passiert, wenn ein Kind unerwünschtes Verhalten zeigt). Im Allgemeinen ist es wichtig, dass alle festgelegten Konsequenzen eindeutig und durchsetzbar sind. Hierfür ist von großer Bedeutung, dass sie transparent für alle Beteiligten dargestellt und formuliert werden. Daraus folgt die Notwendigkeit, Konsequenzen im gesamten Kollegium abzusprechen.

Hierbei sollten vor allem positive Konsequenzen für positives Verhalten zur Anwendung kommen. Eine Möglichkeit, Konsequenzen transparent und positiv zu gestalten, ist die Nutzung von Verstärkersystemen (Hövel/Hennemann 2013).

IV. Schaffung eines positiven (Lern-)Klimas. Zur Schaffung eines positiven Lernklimas eignen sich einerseits angenehme und gemeinschaftsstiftende Aktivitäten zu Schuljahresbeginn und andererseits der kontinuierliche Einsatz präventiver Förderprogramme, die gezielt die soziale Interkation in der Klasse thematisieren und Fertigkeiten zum Gelingen dieser einüben. Die Gründe hierfür liegen auf der Hand – denn nur in einer wertschätzenden Atmosphäre lernt es sich erheblich besser und die Kinder haben mehr Freude an der Arbeit. Aber auch die Zusammenarbeit mit Eltern wird leichter und insgesamt sind durch ein positives Klassenklima die weiteren Prinzipien der effektiven Klassenführung einfacher umzusetzen (Hövel/Hennemann 2013).

V. Beaufsichtigen und überwachen – die Klasse im Blick. Wenn sich Schülerinnen und Schüler im positiven Sinne beaufsichtigt fühlen, kommt es sehr häufig erst gar nicht zu Konflikten. Das betrifft sowohl den Klassenraum als natürlich auch alle anderen schulischen Situationen. Auch der regelmäßige Einsatz förderdiagnostischer Verfahren sowohl zur Leistungsentwicklung als auch zur emotional-sozialen Entwicklung spielt in diesem Zusammenhang eine wichtige Rolle um den individuellen Bedarfen der Schülerinnen und Schüler gerecht zu werden (Hövel/Hennemann 2013).

VI. Vorbereiten des Unterrichts. Die optimale Vorbereitung des Unterrichts erhöht die Lernzeit, sodass keine Wartezeiten aufkommen und dadurch weniger Platz für Störungen bei den Übergängen bleibt. Um den Unterrichtsfluss zu optimieren, sind insbesondere sowohl kooperative Lernformen als auch Wochenaufgaben geeignet, die für eine breite Aktivierung der Schülerinnen und Schüler sorgen (Hövel/Hennemann 2013).

VII. Verantwortlichkeit der Schüler. Die Festlegung von Schülerverantwortlichkeiten trägt zur Erhöhung der Selbstwirksamkeitserfahrung der Kinder in der Schule bei. Eine mögliche Methode ist die Übertragung von Klassenämtern. Verantwortlichkeiten seitens der Schülerinnen und Schüler können auch gut auf Unterrichtssituationen ausgeweitet werden, indem einzelnen Kindern Verantwortung in besonderen Situationen und Unterrichtsphasen übertragen wird. Schülerverantwortlichkeiten sollten sukzessive gesteigert werden (Hövel/Hennemann 2013).

VIII. Unterrichtliche Klarheit. Unterrichtliche Klarheit hinsichtlich der Ziele und Abläufe sowie des erwarteten Schülerverhaltens reduziert Missverständnisse, Misserfolge und Lernunlust. Transparenz kann durch das zügige Verteilen gut vorbereiteter Materialien, klare Absprachen über Verhalten bei Übergängen und die Vermeidung von Leerlauf im Unterricht generiert werden (Hövel/Hennemann 2013).

IX. Kooperative Lernformen. Kooperative Lernformen sind eine wichtige Möglichkeit zur Förderung sowohl intellektueller als auch sozial-emotionaler Fähigkeiten. Eine gute Übersicht über die Strukturen und Methoden des kooperativen Lernens finden sich bei Weidner (2003).

X. & XI. Unangemessenes Schülerverhalten unterbinden/Strategien für potenzielle Probleme. Diese Punkte schließen sich dann an, wenn die proaktiven Prinzipien der effektiven Kassenführung nicht genügen. Strategien für potenzielle Probleme müssen daher stringent aus den vorhergehenden Prinzipien abgeleitet sein. Deeskalationsstrategien und Interventionen sind situations- und personenabhängig und müssen aus diesem Grund sehr reflektiert und überlegt eingesetzt werden – ein »Pauschalrezept« gibt es nicht. Jede Problemsituation ist daher mit pädagogischem Feingefühl anzugehen. Grundsätzlich gilt hierbei, dass die Lehrkraft immer eine Vorbildfunktion haben sollte (Hövel/Hennemann 2013). Einen guten Überblick über

Möglichkeiten zur Unterbindung von unangemessenem Schülerverhalten findet sich bei Thomas und Hennemann (2013).

Die Effektivität der hier aufgeführten proaktiven und reaktiven Strategien im Rahmen der Klassenführung gründet sich auf deren positive Wirkung auf die einzelnen Phasen der sozial-kognitiven-Informationsverarbeitung. Oftmals wird jedoch vernachlässigt – und dies belegen Unterrichtsanalysen sehr deutlich – dass ein effektives Classroom Management nur in dem Zusammenwirken der Faktoren, quasi als »Gesamtpaket«, auf der Basis einer angemessenen Kommunikations- und Beziehungskultur, seine volle Effektivität entfalten kann (Hövel/Hennemann 2013).

Schul- und Systemebene. Die dritte Ebene gemäß dem Schema von Olweus (2008) setzt auf Schul- bzw. Systemebene an. Eine der wichtigsten Säulen in diesem Bereich ist dabei eine pädagogische Geschlossenheit, die einem im gesamten Kollegium anerkannten Leitbild folgt. Damit ist vor allem gemeint, dass Transparenz und Einigkeit bezüglich der Abläufe und Vorgänge im Schul- bzw. Institutionssystem herrschen und die verschiedenen pädagogischen Mitarbeiter miteinander kommunizieren. Dies kann durch regelmäßige Teamtreffen und Lehrerkonferenzen gefördert werden. Als Grundlage einer pädagogischen Geschlossenheit fungiert eine wertschätzende Haltung gegenüber Kolleginnen und Kollegen, Schülerinnen und Schülern sowie den Eltern. Eine angenehme räumliche Gestaltung kann eine positive Grundstimmung fördern. Wichtig ist auch, dass es klare Schulregeln und Konsequenzen gibt, die als Grundlage für die gesamte Institution dienen. Die unterstützenden und grenzziehenden Maßnahmen nach Walbert (2013) können Ausgangspunkt für die Entwicklung von schulweiten pädagogischen Handlungsmöglichkeiten als Grundlage eines pädagogischen Leitbilds sein (siehe unten).

Weitere präventive Handlungsmöglichkeiten auf Schulebene sind die schulweite Umsetzung von Präventionsprogrammen, eine aktive Pausengestaltung oder Mediationsangebote. Auf der Systemebene setzt auch das Netzwerk der schulischen Erziehungshilfe an,

Unter der Lupe: Grenzziehende und unterstützende Maßnahmen nach Walbert (2013)

Georg Walbert, Seminarleiter am Zentrum für schulpraktische Lehrerausbildung in Jülich, Nordrhein-Westfalen, hat einen Maßnahmenkatalog entwickelt, in dem er 58 unterstützende und grenzziehende Maßnahmen bei Verhaltens- und Unterrichtsstörungen aufführt. Der Maßnahmenkatalog kann als Grundlage der Entwicklung einer pädagogischen Geschlossenheit eines Kollegiums dienen. Durch eine hohe Transparenz wird den Ansprüchen einer »fürsorglichen Schule« (s. o.) Rechnung entsprochen. Enthaltene Maßnahmen sind z. B. »Aufbau einer tragfähigen Beziehung«, »klare und eindeutige Konsequenzen«, »Individuelle Pausenregelung« und »Verantwortung für bestimmte Aufgaben«. Diese Handlungsmöglichkeiten können als Fundus für den Umgang mit Verhaltensproblemen einer Schule genutzt und in der konkreten Anwendung auf den Einzelfall bezogen geplant und durchgeführt werden. Der Maßnahmenkatalog kann somit als Grundlage für ein pädagogisches Leitbild einer präventiven Schule genutzt werden.

welches die Zusammenarbeit verschiedener am Erziehungsprozess beteiligter Institutionen fokussiert. Hier kann die Schulsozialarbeit als unterstützendes Element in der schulweiten Präventionsarbeit genannt werden. Außerdem sind Beratungs- und Supervisionsangebote sinnvoll und nützlich, um eine Optimierung schulinterner Prozesse anzustoßen.

Netzwerk der Erziehungshilfe. Um eine konsequente Förderung auf allen Ebenen zu gewährleisten, greift ein ausschließlich auf Schule bezogener Präventionsansatz zu kurz. Eine wichtige Rolle spielen auch außerschulische Institutionen, die als Netzwerkpartner zu einer gelingenden Entwicklung der Individuen beitragen können. Dabei haben vor allem sozialpädagogische Angebote, psychologische Dienste, Beratungsstellen, Ärzte, Vereine usw. eine zentrale

Funktion, indem sie – über den schulischen Rahmen hinaus – für die individuelle Entwicklung wichtige Bildungs- und Erziehungsangebote bereithalten. Welche Ansprechpartner in diesem Zusammenhang konkret genannt werden können, ist regional unterschiedlich. Allerdings sind die Institutionen unter bestimmten Kategorien zu subsumieren, die in Abbildung 5 exemplarisch dargestellt werden.

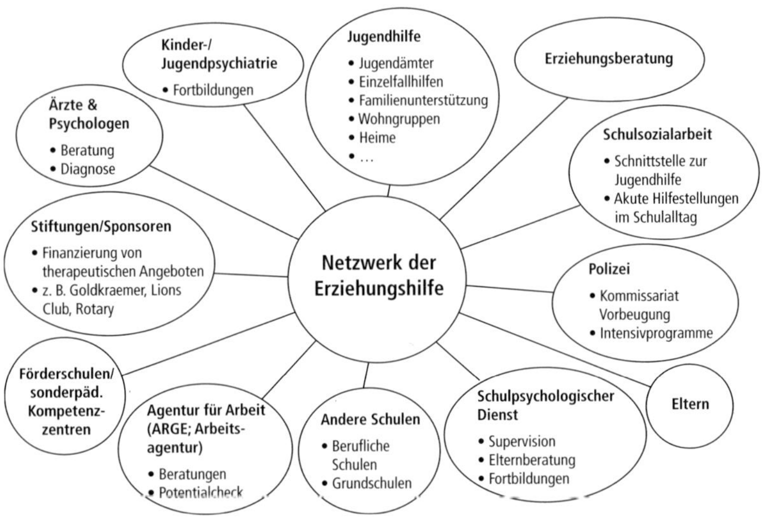

Abb. 5: Das Netzwerk der Erziehungshilfe am Beispiel einer Förderschule mit dem Förderschwerpunkt Emotionale und soziale Entwicklung in NRW

3.3 Ein Rahmenkonzept schulischer Prävention: Response-to-Intervention (RTI)

In den letzten zehn Jahren hat sich in den USA ein Modell zur schulischen Prävention und frühen Intervention bei Lernbeeinträchtigungen und Verhaltensproblemen etabliert, das auch im deutschsprachigen Raum für den Bereich der Prävention von Verhaltensstörungen zunehmend beachtet wird (z. B. Huber/Grosche 2012). Der RTI-Ansatz (RTI: response to intervention) meint ein gestuftes System aus Diagnose und Förderung, das durch kleinschrittige Lernverlaufsdiagnostik und Verhaltensfortschrittsmessung die Wirksamkeit einer Intervention überprüft und ausgehend von diesen Resultaten die Förderung modifiziert. Im Kern geht es also um die Frage, ob und inwiefern ein Kind auf eine Intervention anspricht. RTI bietet somit einen proaktiven, konzeptuellen Rahmen mit dem Anliegen der Prävention und frühen Intervention bei Lern- und Verhaltensproblemen. Grosche und Volpe (2013) stellen fünf Leitideen des Konzeptes vor:

- Der Unterricht auf den verschiedenen Förderstufen ist evidenzbasiert (vgl. Kapitel 2 in diesem Buch);
- Alle Schülerinnen und Schüler werden regelmäßig auf Lern- und Verhaltensprobleme überprüft;
- Es wird regelmäßig überprüft, ob und wie ein Kind auf eine Intervention anspricht;
- Lehrer planen ihren Unterricht anhand der daraus gewonnenen Daten;
- Wenn eine Schülerin oder ein Schüler erhöhten Bedarf an Unterstützung aufweist, wird die Förderung intensiviert, spezifiziert und individualisiert (Grosche/Volpe 2013, S. 2 f.).

Es gibt keine einheitliche Definition des RTI-Konzeptes (Burns et al. 2007). Oft wird RTI als ein dreistufiges System aus Diagnostik und Förderung dargestellt, wobei dies nur ein mögliches Konzept ist. Denkbar sind viele weitere konzeptuelle Ideen des Ansatzes. Im Folgenden wird jedoch Bezug auf das Dreistufenmodell genommen, da dies bislang am häufigsten genutzt wird.

RTI als Drei-Stufen-Modell

RTI lässt sich im Kern als ein dreistufiges System aus Diagnostik und Förderung darstellen. Damit ist gemeint, dass pädagogisches

Handeln in einem gestuften System intensiviert und individualisiert wird. Wie genau diese drei Stufen inhaltlich gefüllt werden, ist den an der Förderung beteiligten Personen weitestgehend selbst überlassen. Es gibt jedoch einige Grundsätze, die es zu beachten gilt. Im Folgenden wird dafür ein Drei-Stufen-Modell zur Prävention von Verhaltensstörungen vorgestellt.

Die RTI-Präventionspyramide

Die Klassifikation präventiver Ansätze in universelle, selektive und indizierte Maßnahmen lässt sich in den Stufen des RTI-Paradigmas abbilden. Auf der Ebene der universellen Prävention, bzw. auf RTI-Stufe 1, werden schul- und klassenweite Maßnahmen für alle Schülerinnen und Schüler gefasst. Hierunter fallen beispielsweise ein wertschätzendes Klassenklima oder verbindliche Klassenregeln. Selektive Präventionsmaßnahmen bilden Stufe 2 dahingehend ab, dass sie zusätzlich Hilfen für Schülerinnen und Schüler unter Risikobedingungen in den Fokus nehmen. Indizierte Prävention schließlich findet sich auf RTI-Stufe 3 wieder, auf der Hoch-Risikoschülern weitere spezielle und intensive Hilfen angeboten werden. Abbildung 6 zeigt die Klassifikation präventiver Maßnahmen gemäß des RTI-Ansatzes.

Wir verstehen in diesem Kontext das RTI-Modell nicht als reaktives Instrument, um Defizite zu diagnostizieren und zu beheben, sondern als Angebots- und Hilfssystem sowohl bei allgemeinem als auch bei speziellem Förderbedarf in der sozial-emotionalen und kognitiven Entwicklung, das sowohl Schüler als auch Lehrpersonen bei der Planung, Durchführung und zeitnahen Evaluation präventiver Aktivitäten bestmöglich unterstützt.

RTI-Modell für Verhalten

Speziell für den Bereich der Verhaltensförderung lässt sich das dreistufige RTI-Modell noch feiner ausdifferenzieren und inhaltlich füllen. Generell ist es den pädagogischen Fachkräften frei überlassen, die passenden Interventionen auf den jeweiligen Stufen anzubieten. Grosche und Volpe (2013, S. 4) schlagen exemplarisch

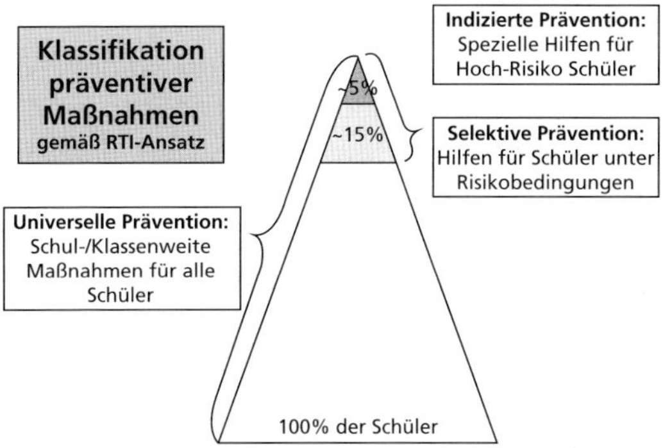

Abb. 6: Klassifikation präventiver Maßnahmen nach dem RTI-Ansatz

für den Verhaltensbereich als eine Umsetzungsmöglichkeit folgende Inhalte vor:

Stufe 1: Regulärer Klassenunterricht mit allen Schülerinnen und Schülern
Grundlage des Klassenunterrichts sind klare Regeln und transparente Erwartungen an das Verhalten der Schülerinnen und Schüler. Werden diese Verhaltenserwartungen gemeinsam mit den Kindern erarbeitet, gezielt unterrichtet und verstärkt, kann die Sozialkompetenz gefördert und Problemverhalten verringert werden (Lewis et al. 2010). Klassenregeln sollten klar definiert und kurz sein, sie sollten positiv formuliert werden und gut einprägsam für die Kinder sein. Positive und negative Beispiele der Verhaltenserwartungen zur Veranschaulichung können positive Effekte auf das Sozialverhalten haben (Volpe/Fabiano 2013). Auf dieser Stufe wird ein universelles Verhaltensscreening aller Kinder durchgeführt. Hierfür bieten sich Instrumente wie der Strenghts and Difficulties Questionnaire (SDQ) nach Goodman (1997), die Lehrereinschätzliste für Sozial- und Lernverhalten nach Petermann und Petermann (2013) oder der Lehrerbewertungsbogen nach Volpe und Fabiano (2013) an. Sollte das Screening Risikokinder identifizieren, erfolgt bereits hier eine Verhaltensfortschrittsdiagnostik mittels curriculumbasierter Messmethoden (CBM).

Stufe 2: Kleingruppenintervention mit Risikokindern
Auf Stufe 2 erfolgt die Förderung des Verhaltens in Kleingruppen. Die Auseinandersetzung mit den Klassenregeln und Verhaltenserwartungen wird auf dieser Stufe intensiviert. Eingesetzt werden ökonomische Interventionen, die schnell und praktikabel implementiert werden können. In diesem Zusammenhang bieten sich Sozialkompetenztrainings wie *Lubo aus dem All!* (Hillenbrand et al. 2013) und das *KlasseKinderSpiel* (Hillenbrand/Pütz 2008) an. Auf Stufe 2 können auch sehr gut Methoden der Verhaltensmodifikation wie das *Goal Attainment Scaling* (Kiresuk/Sherman 1968) oder *Daily Behaviour Report Cards* (Volpe/Fabiano 2013) eingesetzt werden. Auf dieser Förderungsstufe wird die Verhaltensfortschrittsdiagnostik engmaschiger durchgeführt.

Stufe 3: Einzelförderung mit Hoch-Risikokindern
Auf der dritten RTI-Stufe wird im Bereich Verhalten gezielt und hoch individuell gefördert. Nach einer gezielten Verhaltensdiagnostik wird dem Kind eine hoch individualisierte Intervention angeboten. Dies können z. B. Verhaltensverträge oder therapeutische Interventionsprogramme sein. Die Verhaltensfortschritte werden täglich mittels CBM dokumentiert.

Wirksamkeit des RTI-Modells
Die Forschungsbefunde zur Wirksamkeit von RTI stammen zum Großteil aus den USA, wo der Ansatz seit den 1990er-Jahren untersucht wird (Huber/Grosche 2012). Vor allem im Bereich der Leseförderung existieren einige Arbeiten, die die Wirksamkeit belegen (Grosche/Volpe 2013). Bezogen auf die Förderung von Verhalten konnten Einzelfallanalysen von Fairbanks et al. (2007) sowie Cheney et al. (2008) einen signifikanten Rückgang bei Verhaltensproblemen nachweisen. Insgesamt lässt sich ein signifikanter Rückgang von Anzahl und Schweregrad diverser Schulprobleme festhalten, wenn regelmäßige curriculumbasierte Messungen durchgeführt werden, die Förderung strukturiert dokumentiert wird und die Zielformulierungen transparent sind (Huber/Grosche 2012). Ein weiteres

Erfolgskriterium ist die kurzfristige und direkte Rückmeldung an die Kinder.

Kritik

Der RTI-Ansatz stellt ein wirksames und zumindest in den USA erprobtes Modell zur Prävention von Lern- und Verhaltensproblemen dar. Legt man der deutschen Sonderpädagogik das Primat der frühzeitigen Förderung zugrunde und propagiert ein präventiv ausgerichtetes pädagogisches Handeln, bietet RTI eine hilfreiche und praktikable Systematisierung. Probleme können frühzeitig erkannt und die Förderung kann individualisiert angepasst werden. So wartet man nicht auf eine Manifestierung der Probleme, sondern setzt so früh wie möglich an erkennbaren Problemen an. Das sogenannte ›wait-to-fail‹-Prinzip der deutschen Pädagogik kann somit überwunden werden. Das datengeleitete Vorgehen mittels CBM stellt außerdem eine evidenzbasierte und nachvollziehbare Unterrichts- und Förderpraxis sicher. Ein weiterer Vorteil sind die Freiräume bei der Ausgestaltung der verschiedenen Förderstufen.

Anzumerken ist, dass die Forschungsbasis zu RTI bislang weitestgehend aus den USA stammt. Hier ist es notwendig, dass die Umsetzung in Deutschland erprobt und wissenschaftlich begleitet wird. Mahlau et al. (2011) liefern mit dem Rügener-Inklusionsmodell (RIM) eine mögliche Implementation von Response-to-Intervention. Des Weiteren ist es ein zentrales Anliegen, veränderungssensitive Instrumente und Verfahren zu entwickeln und zu erproben, die für die Lernverlaufs- und Verhaltensfortschrittsdiagnostik eingesetzt werden können. Gerade im Bereich Verhalten sind die bisherigen Methoden der Verhaltensdiagnostik ungeeignet, da sie für eine summative Diagnostik entwickelt wurden. Bei Verhaltensfortschrittsdiagnostik handelt es sich jedoch um formative Diagnostik. Daher braucht es veränderungssensitive Verfahren, die Fortschritte im Verhalten adäquat abbilden. Ein mögliches Verfahren zur Verhaltensfortschrittsdiagnostik sind sogenannte *Direkte Verhaltensbeurteilungen* (orig. *Direct Behavior Ratings*), die sich bezüglich ihrer Entwicklung und Validierung derzeit im wissenschaftlichen Fokus befinden (Casale et al. 2015).

Unter der Lupe: Direct Behavior Rating
Das Direct Behavior Rating (DBR; zu Deutsch: Direkte Verhaltensbeurteilungen) hat sich im US-amerikanischen Raum als valides und zuverlässiges Maß erwiesen, um Verhaltensfortschritte zu messen (Christ et al. 2009). Das Konzept des DBR integriert sowohl die Vorteile der systematischen direkten Verhaltensbeobachtung als auch die von Verhaltensbeurteilungen mittels Rating-Skalen (ebd.). Konkret heißt das, dass ein im Vorhinein definiertes, interessierendes Verhalten sofort nach Auftreten mittels Rating-Skalen eingeschätzt wird. Die Beurteilung des Verhaltens findet also in unmittelbarer Nähe zum Auftreten statt und weist demnach eine kurze Latenz auf. Direkte Verhaltensbeurteilungen sind flexibel einsetzbar, hoch effizient und können wiederholt in den pädagogischen Alltag integriert werden. Sie bieten somit die Möglichkeit, den Erfolg einer Fördermaßnahme zu überprüfen. Aus den Daten, die Direkte Verhaltensbeurteilungen liefern, können Entscheidungen für den weiteren Verlauf der Förderplanung abgeleitet werden.

RTI als Rahmen eines präventiven Schulkonzeptes
Da Schulen alle Kinder und Jugendlichen eines Jahrgangs erreichen, sind sie für die präventive Förderung geradezu prädestiniert. Besonders Kinder und Jugendliche unter Risikobedingungen sind in Schulen viel leichter zu erreichen als durch außerschulische Maßnahmen. Ziel sollte hier demnach sein, im schulischen Alltag präventiv emotional-soziale Kompetenzen zu fördern, um sich anbahnende Gefühls- und Verhaltensstörungen zu vermindern. Eine langfristige Verankerung präventiver Maßnahmen im Schulalltag erfordert darüber hinaus eine enge Verzahnung mit den curricularen Lerninhalten von Schule. Eine Analyse der Lehrpläne bestätigt den prin-

zipiellen Auftrag der Schulen zur präventiven Förderung und zeigt curriculare, didaktische und methodische Möglichkeiten der schulischen Umsetzung für Präventionsprogramme auf (Hartke 2005; Hillenbrand/Hennemann 2006).

Vertiefende Literaturempfehlungen

Eichhorn, C. (2014). Classroom-Management. Wie Lehrer, Eltern und Schüler guten Unterricht gestalten. Stuttgart: Klett-Cotta.

Hartke, B./Vrban, R. (2011). Schwierige Schüler: 49 Handlungsmöglichkeiten bei Verhaltensauffälligkeiten (1. bis 4. Klasse). Persen Verlag.

Lohmann, G. (2011). Mit Schülern klarkommen. Professioneller Umgang mit Unterrichtsstörungen und Disziplinkonflikten. Berlin: Cornelsen scriptor.

Redlich, A./Schley, W. (1978). Kooperative Verhaltensmodifikation im Unterricht. München: Urban & Schwarzenberg.

Olweus, D. (2008). Gewalt in der Schule. Was Lehrer und Eltern wissen sollten – und tun können. Bern: Huber.

Walbert, G. (2013). Grenzziehende und unterstützende Maßnahmen bei Verhaltens- und Unterrichtsstörungen. Unveröffentlichte Handreichung des Zentrums für schulpraktische Lehrerbildung (ZfsL) Jülich, Nordrhein-Westfalen.

4

Präventive Förderung emotional-sozialer Kompetenzen

Die bisherigen Ausführungen machen den hohen Bedarf einer frühzeitigen präventiven Förderung sozial-emotionaler Kompetenzen deutlich. Das folgende Kapitel stellt gezielt konkrete Maßnahmen vor und folgt dabei den Phasen des kindlichen Entwicklungsverlaufs auf institutioneller Ebene. Es werden Präventionsmaßnahmen für die Vorschule, für die Grundschule und für die weiterführende Schule überblicksartig vorgestellt. Darüber hinaus erfolgt eine exemplarische Darstellung von wirksamen Lehrer- und Elterntrainings.

4.1 Präventive Förderung im Vorschulalter

Mit einem systematischen Überblicksartikel zur Prävention von Verhaltensstörungen in der Vorschule von Hillenbrand und Hennemann (2005) wurde der Forschungsbedarf in diesem Bereich strukturiert herausgearbeitet. Die Ausführungen in den vorherigen Kapiteln machen die Notwendigkeit früher vorbeugender Maßnahmen deutlich. Soziale und emotionale Kompetenzen stellen einen wichtigen Bereich kindlicher Entwicklungsprozesse dar. Gerade der Übergang vom Kindergarten in die Schule fordert besondere Kompetenzen von Kindern und ihren Familien: Neue Beziehungen müssen aufgebaut, Anforderungen bewältigt und Erfahrungen verarbeitet werden. Kinder, die unter ungünstigen Bedingungen und mit verminderten Chancen diesen Übergang (Transition) bewältigen müssen, benötigen gezielte Unterstützung. Die Präventionsforschung hat dafür in den letzten Jahren wichtige Erkenntnisse geliefert und Fördermaßnahmen entwickelt. Sie profitiert insbesondere von der Resilienzforschung (Opp et al. 1999). Von den resilienten, also widerstandsfähigen, Kindern lassen sich Erkenntnisse gewinnen, wie eine effektive Förderung der psychischen Gesundheit konzipiert werden sollte.

Durch die Förderung im Vorschulalter und in der Schuleingangsphase soll eine gezielte Unterstützung des Übergangs vom Kindergarten in die Schule und damit eine Starthilfe für eine gelingende Schullaufbahn geleistet werden (Hillenbrand/Hennemann 2005). Viele Erzieherinnen fühlen sich durch das Ausmaß an problematischen Verhaltensweisen der Kindergartenkinder in ihrer täglichen Arbeit deutlich belastet (Hillenbrand et al. 2009). Einige Kinder verhalten sich auffällig aggressiv und schaffen es kaum, sich an Regeln und Strukturen zu halten, andere Kinder erscheinen extrem unsicher und zurückgezogen oder kaum fähig, über längere Zeit konzentriert an einem Material zu arbeiten oder an einem Spiel teilzunehmen. Hinzu kommt der gestiegene öffentliche Anspruch an die Qualität der frühkindlichen Bildung, der nach neuen

Konzepten und Modellen in den Kindertagesstätten verlangt und ein hohes Maß an Professionalität der pädagogischen Fachkräfte erfordert. Dies betrifft auch den Bereich der emotional-sozialen Kompetenzförderung. Dabei stellt diese Entwicklungsphase gleichzeitig eine besondere Chance dar, denn in dieser Zeit bilden sich in dynamischer Weise emotionale und soziale Kompetenzen aus, die als grundlegende Faktoren zur Vermeidung kindlicher Gefühls- und Verhaltensstörungen eine protektive Wirkung haben können. Die Förderung in dieser sensiblen Phase verspricht daher besonders erfolgreich zu sein. Differenzierte Analysen zur Präventionsforschung belegen demzufolge auch das Vorschulalter als einen idealen Zeitpunkt für präventive Maßnahmen (Brezinka 2003; Lösel/Beelmann 2003). Zudem können wirksame Präventionsmaßnahmen die risikoerhöhenden Faktoren, die die Transition in die Schule möglicherweise belasten, abmildern und einer Verfestigung von bereits vorhandenen Verhaltensproblemen vorbeugen (Cicchetti 1990; Lösel et al. 2007). Auf dieser Basis konzipierte Programme unterstützen gezielt den Übergang vom Kindergarten in die Schule, um die Bewältigung der anstehenden Entwicklungsaufgaben zu einem Erfolg zu machen.

In der folgenden Tabelle erfolgt zunächst ein strukturierter Überblick über wirksame deutschsprachige Präventionsmaßnahmen für den vorschulischen Bereich. Im Anschluss wird das deutschsprachige, aus wissenschaftlicher Sicht wirksame und dabei praxiserprobte Programm »*Lubo aus dem All!*« von Hillenbrand et al. (2009) exemplarisch näher beschrieben.

Ich kann Probleme lösen (IKPL) (Lösel et al. 2006)

Allgemeines. Bei dem Programm »Ich kann Probleme lösen« von Lösel und Kollegen handelt es sich um ein vorschulisches sozial-kognitives Kompetenztraining, welches konzeptionell in das Modell EFFEKT (EntwicklungsFörderung in Familien: Eltern- und Kinder-Training) eingebettet ist. Es ist die deutschsprachige Adaption des Programms »I Can Problem Solve« (ICPS; Shure 1992).

Tab. 5: Deutschsprachige Präventionsprogramme im Vorschulalter (modifiziert nach Schell 2011, S. 103 f.)

Programm (Autor)	Geförderte Kompetenz	Durchführungsmodus	Methoden	Effekte
Faustlos (Cierpka, 2002)	• Empathie • Impulskontrolle • Ärger-Management	• 28 Lektionen à 20 Minuten • 2-mal pro Woche	• Fotokarten • Geschichten vorlesen & diskutieren • Rollenspiele • Verhaltensinstruktionen • Spiele & Lieder, Elternbriefe	• Positive Effekte im Hinblick auf die erlernten Inhalte wie Identifikation von Gefühlen, Generierung von prosozialen Lösungsmöglichkeiten, Erweiterung von Beruhigungstechniken
IKPL (Ich kann Probleme lösen) (Beelmann et al. 2004)	• Interpersonale Problemlösekompetenzen (Denken in Alternativen und Konsequenzen) • Empathie	• 15 Trainingssitzungen à 45–60 Minuten • jeden Tag oder 3-mal pro Woche	• Frage-Antworten-Runden • Bildvorlagen • Rollenspiele • Handpuppen • Fragespiele • Singspiele • Bewegungsspiele	• Signifikante Reduktion von sozialen Verhaltensproblemen und von Problemen der Hyperaktivität und der Unaufmerksamkeit • Signifikanter Rückgang bei emotionalen Störungen • Besonders Kinder unter erhöhten Entwicklungsrisiken profitieren von der Maßnahme • Beste Wirksamkeit ergab sich aus einer kombinierten Förderung der Kinder und der Eltern

Tab. 5: Deutschsprachige Präventionsprogramme im Vorschulalter (modifiziert nach Schell 2011, S. 103 f.) – Fortsetzung

Programm (Autor)	Geförderte Kompetenz	Durchführungsmodus	Methoden	Effekte
Verhaltenstraining im Kindergarten (Koglin & Petermann, 2006)	• Emotionale Kompetenz • Soziale Problemlösestrategien • Verhaltensregeln	• 25 Trainingssitzungen à 30–40 Minuten • 2-mal pro Woche	• Rahmengeschichte • Handpuppe, Modellrollenspiele • Bildergeschichten • Gesprächsrunden • Verstärkersystem	• Signifikante Reduktion von Verhaltensproblemen, emotionalen Problemen • Verbesserte Emotionsregulation • Verbesserte schulische Fertigkeiten • Keine signifikante Verbesserung des prosozialen Verhaltens
PRiK (Prävention und Resilienzförderung in Kindertageseinrichtungen) (Fröhlich-Gildhoff et al., 2007)	• Selbstwahrnehmung, -steuerung, -wirksamkeit • Soziale Kompetenz • Umgang mit Stress • Problemlösen	• 20 Trainingseinheiten à 35–40 Minuten, • 2-mal pro Woche	• Handpuppen • Spiele, Rituale • Körperwahrnehmung • Arbeitsblätter • Feedbackrunde mit Smileys	• Signifikante Steigerung des Selbstwertgefühls • Signifikante positive Auswirkungen auf die kognitive Entwicklung • Keine signifikanten Auswirkungen auf die Verhaltensentwicklung
Lubo aus dem All! – Vorschulalter (Hillenbrand, Hennemann & Schell, 2009)	• Emotionswahrnehmung • Emotionsregulation	• 34 Sitzungen á 40 Minuten • 5 Phasen, orientiert am SKI-Modell	• Handpuppe »Lubo« • Buddy-Prinzip • emotionalisierende Methoden (z. B. Musik-, Bewegungs-, Rollenspiele)	• signifikante Verbesserung des prosozialen Verhaltens • Reduktion von Verhaltensproblemen

Trainingsziele. Die übergeordneten Zieldimensionen des Programms sind die Unterstützung der sozialen Entwicklung der Kinder, die Verminderung kindlicher Verhaltensauffälligkeiten sowie die Stärkung der Konfliktlösefertigkeit der Kinder. Zielgruppe sind Vorschulkinder von vier bis sieben Jahren.

Trainingsmethode. Das Training gliedert sich in 15 Sitzungen à 45 bis 60 Minuten und wird als Gruppentraining mit sechs bis zehn Kindern durchgeführt. Für die Durchführung werden zwei Gruppenleiter empfohlen, die eine Fortbildung zum IKPL-Trainer durchlaufen müssen. Die 15 Sitzungen lassen sich in zwei Inhaltsbereiche gliedern: 1. Grundlagen der sozial-kognitiven Problemlösung; 2. Sozial-kognitive Problemlösefertigkeiten. Auf methodischer Ebene setzt das Programm auf Rollenspiele, Modell- und Planspiele sowie eine motivierende Moderation durch Handpuppen.

Wirksamkeit. In einer Evaluationsstudie mit 227 Vorschulkindern konnte in der Experimentalgruppe eine signifikante Reduktion von sozialen Verhaltensproblemen sowie von Problemen der Hyperaktivität gezeigt werden. Dabei profitieren besonders die Kinder, die schon vor Beginn des Trainings auffälliges Verhalten zeigen.

Faustlos – ein Curriculum zur Förderung sozial-emotionaler Kompetenzen (Cierpka 2001)

Allgemeines. Mit Faustlos liegt ein universelles Programm zur Prävention von Aggression und zur Förderung der sozial-emotionalen Kompetenzen von Kindern in der Vorschule vor. Darüber hinaus gibt es Erweiterungen für die Primar- und Sekundarstufe.

Trainingsziele. Faustlos zielt auf die Förderung der Empathiefähigkeit und trainiert die Impulskontrolle der Kinder. Das Stressmanagement und der Umgang mit Konflikten sollen verbessert werden.

Trainingsmethode. Das Vorschul-Programm umfasst 28 Lerneinheiten à 20 Minuten, die zweimal pro Woche von der Erzieherin/vom Erzieher durchgeführt werden können. Die Inhalte sind in eine Rahmengeschichte eingebettet, darüber hinaus wird eine Handpuppe genutzt. Methodisch werden Rollenspiele eingeübt und Bildergeschichten erzählt. Ritualisierte Gesprächsrunden und Verstärkerrunden strukturieren die Sitzungen.

Wirksamkeit. Für die Anwendung im Kindergarten liegt eine Evaluationsstudie vor (Schick/Cierpka 2004). In dieser Studie konnten positive Effekte bezüglich des Emotionswissens gezeigt werden, dieses konnte jedoch nicht in prosoziales Verhalten umgesetzt werden.

Verhaltenstraining im Kindergarten – Ein Programm zur Förderung sozialer und emotionaler Kompetenzen (Koglin/Petermann 2013)

Allgemeines. Das Verhaltenstraining im Kindergarten ist ein universelles Präventionsprogramm zur Förderung sozial-emotionaler Kompetenzen im Vorschulalter. Das Training richtet sich an Kinder von drei bis sechs Jahren und wird zweimal wöchentlich von Erzieherinnen und Erziehern über einen Zeitraum von ca. drei Monaten durchgeführt. Das Training kann als Vorläuferprogramm zum Verhaltenstraining für Schulanfänger und dem Verhaltenstraining in der Grundschule angewendet werden.

Trainingsziele. Beim Verhaltenstraining im Kindergarten geht es um die Förderung der emotionalen und sozialen Kompetenz der Kinder. Konkret geht es um die Entwicklungsbereiche Emotionale Kompetenz, Soziales Problemlösen und Prosoziales Verhalten. Die emotionale Sensitivität soll gesteigert und die alltägliche Konfliktbewältigung trainiert werden.

Trainingsmethode. Methodisch ist das Trainingsprogramm in eine motivierende Rahmenhandlung eingebettet. Der Delphin Finn, der als Handpuppe durch das Training begleitet, erlebt mit zwei Meereskindern Abenteuer auf einer Reise durch die Welt der Gefühle und des sozialen Miteinanders. Dabei erzählt er Geschichten aus dem Meereskindergarten und nimmt Bezug auf typische Konfliktsituationen aus dem Kindergartenalltag, anhand derer die Kinder positives Verhalten erproben und ihre soziale Konfliktlösekompetenz erhöhen. Es wird auf Rollenspiele, Bildergeschichten, Gesprächsrunden und ein Verstärkersystem zurückgegriffen. Die insgesamt 26 Einheiten dauern jeweils zwischen 30 und 40 Minuten. Es werden zwei Einheiten pro Woche empfohlen.

Wirksamkeit. In einer quasi-experimentellen Kontrollgruppenstudie mit insgesamt 311 Kindern wurde das Verhaltenstraining im Kindergarten auf seine Wirksamkeit überprüft (Wadepohl et al. 2011). Dabei zeigte sich, dass die geförderten Kinder ihre sozial-emotionalen Kompetenzen steigern konnten. In diesem Zusammenhang scheinen vor allem Risikokinder sowohl bei der Reduktion von Verhaltensproblemen als auch im Bereich des Aufbaus prosozialen Verhaltens von dem Training zu profitieren.

Prävention und Resilienzförderung in Kindertageseinrichtungen – PRiK. Trainingsmanual für ErzieherInnen (Fröhlich-Gildhoff et al. 2012)

Allgemeines. Das PRiK-Programm basiert auf den Erkenntnissen der Resilienzforschung und setzt gezielt auf die Förderung von Schutzfaktoren und die Vermeidung von Risikofaktoren. Das Konzept bietet sich für den Einsatz in der Vorschule an und kann in der Grundschule mit dem PRiGs-Training weitergeführt werden.

Trainingsziele. Die übergeordneten Zieldimensionen werden durch spezifische Zielkategorien zu erreichen versucht. Insbesondere zielt PRiK auf die Förderung der Selbst- und Fremdwahrnehmung und die Selbstregulation der Kinder. Die Selbstwirksamkeit soll gefördert sowie prosoziales Verhalten trainiert werden.

Trainingsmethode. Das Training gliedert sich in 20 Trainingseinheiten à 35 bis 40 Minuten. Es wird empfohlen, zwei Einheiten pro Woche durchzuführen. Methodisch setzte das Programm vor allem auf spielerische Elemente sowie ritualisierte Abläufe. Es werden Übungen zur Körperwahrnehmung durchgeführt. Am Ende jeder Einheit steht eine Feedbackrunde mit Verstärkervergabe. Motivierendes Element ist die Verwendung von Handpuppen.

Wirksamkeit. Die Evaluation des Programms zeigte signifikante Steigerungen im Bereich des Selbstwertgefühls. Außerdem konnte eine positive Wirkung auf die kognitive Entwicklung gezeigt werden.

Im Bereich der Verhaltensentwicklung konnten keine signifikanten Ergebnisse gezeigt werden.

Unter der Lupe: Lubo aus dem All – Vorschulalter (Hillenbrand et al. 2009)

Allgemeines. Das Präventionsprogramm »Lubo aus dem All – Vorschulalter« orientiert sich an dem Modell der sozial-kognitiven Informationsverarbeitung (Crick/Dodge 1994, Lemerise/Arsenio 2000). Das Modell bestimmt daher konsequent die Inhalte, Struktur und Methodik des Förderprogramms. Durch die gezielte Förderung zentraler sozial-emotionaler Kompetenzen, ausgehend von den Ressourcen und Kompetenzen der Kinder, können wirksame Effekte auf die Bewältigung anstehender Entwicklungsaufgaben und der Transfer in Alltagssituationen erwartet werden. »Lubo aus dem All!« bearbeitet besonders folgende Schutzfaktoren:

- Förderung einer angemessenen sozial-kognitiven Informationsverarbeitung einschließlich der dafür notwendigen sozialen und emotionalen Kompetenzen,
- Förderung der Emotionsregulation,
- Aufbau von Freundschaftsbeziehungen und Integration aller Kinder in die Gruppe, sowie
- Aufbau einer vertrauensvollen, verlässlichen Beziehung zur Erzieherin.

Des Weiteren bindet das Förderprogramm die Eltern ein, indem sie durch Informationsbriefe und Elternabende angeregt werden, die emotionale und soziale Kompetenzentwicklung ihrer Kinder zu unterstützen. Das Programm kann also auch einen Beitrag zur Verbesserung familiärer Erziehungsprozesse leisten.

Trainingsziele. Das Modell der sozial-kognitiven Informationsverarbeitung in seiner um emotionale Dimensionen erweiterten Fassung bietet eine wissenschaftlich gut begründete Basis für die sozial-emotionale Entwicklungsförderung. Das Modell erlaubt, konkrete Förderziele für die Kinder abzuleiten, die im Präventionsprogramm berücksichtigt werden. Die Erkenntnisse über unangemessene, defizitäre Informationsverarbeitungsprozesse bei Kindern mit Verhaltensproblemen belegen zudem, dass sich in den Stufen des Phasenmodells Kompetenzen zeigen, deren gezielte Förderung drohenden Problemkarrieren vorbeugen kann (Crick/Dodge 1994, Petermann/Wiedebusch 2003).

Struktur des Trainings. Das Förderprogramm besteht aus insgesamt 34 Sitzungen à 40 Minuten, die in fünf aufeinander aufbauende Phasen aufgeteilt sind:

1. Phase, Stunden 1–3: Einführung in das Förderprogramm, Kennenlernen der Rituale und Aufbau eines Gruppengefühls.
2. Phase, Stunden 4–9: Förderung der Aufmerksamkeit und der Wahrnehmung von Personen und Situationen.
3. Phase, Stunden 10–20: Wahrnehmung, Erkennen und Verstehen von Emotionen und Emotionsregulation.
4. Phase, Stunden 21–25: Emotionsregulation, Strategien zum angemessenen Umgang mit Gefühlen.
5. Phase, Stunden 26–34: Verhaltensregulation, Strategien für ein angemessenes Verhalten in sozialen Situationen.

Trainingsmethoden. Zur Umsetzung dieser Phasen nutzt das Förderprogramm ein breites Spektrum pädagogischer Methoden, die durch mehrere Evaluationsdurchgänge und viele Rückmeldungen von Praktikern weiter entwickelt wurden:

Buddy-Prinzip: Das Buddy (Kumpel)-Prinzip beruht auf der Erkenntnis aus der Resilienzforschung, dass einer der wichtigsten Schutzfaktoren in Bezug auf die psychische Entwicklung das Vorhandensein einer relevanten Bezugsperson bzw. eines »Unterstützers« ist, der ein gleichaltriger oder etwas älterer Freund sein kann. Der »Buddy« hilft dem Kind und kann ein positives Verhaltensvorbild darstellen.

Rahmenhandlung: Die Förderstunden sind in eine Rahmenhandlung eingebunden, die durch die Hauptfigur Lubo, eine Handpuppe, geprägt ist. Die Kinder helfen dem Außerirdischen »Lubo«, auf der Erde besser zurechtzukommen und Freunde zu finden.

Emotionalisierende Methoden: Im Förderprogramm wechseln sich aktivierende Bausteine, die das eigene emotionale Erleben ansprechen (beispielsweise Musik), mit Bewegungsspielen, Kooperationsspielen, Rollenspielen und ruhigeren Mal-, Bastel- und Gesprächsphasen ab. Während des gesamten Förderprogramms stehen die Lernfreude und das aktive Lernen für die Kinder im Vordergrund, denn erst durch eine positive Identifikation, genügend Aufmerksamkeit und das Interesse an den Inhalten wird der Lernerfolg möglich. Dabei leistet die Handpuppe Lubo einen großen Beitrag.

Lubo-Mappe: Zu Beginn des Förderprogramms erhält jedes Kind seine eigene Mappe (Schnellhefter), in der die Produkte des Förderprogramms (gemalte Bilder, Lernmaterial, Belohnungen) gesammelt werden.

Strukturen und Rhythmisierung: Rituale und feste Rahmenstrukturen strukturieren für Kindergartenkinder die Lernprozesse, davon profitieren vor allem unruhige und wenig aufmerksame Kinder. Den einzelnen Stunden des Förderprogramms liegt ein klarer, aber flexibel einsetzbarer Rhythmus zugrunde

Die Arbeit an den Förderbereichen nimmt in den Stunden die meiste Zeit in Anspruch, dabei kommen je nach Thema verschiedene Methoden zum Einsatz. Der »Wetterbericht« und die »Sternenrunde« sind feststehende Rituale, die im Laufe der Zeit leicht variieren.

Wichtige Bestandteile des Trainings. Der Problemlösekreislauf als das Kernstück des Programms vermittelt eine kognitive Strategie zur Lösung von Problem- und Konfliktsituationen, die die Kinder während der Durchführung des Programms kennen lernen und anwenden. Die einzelnen Schritte des Problemlösekreislaufs orientieren sich dabei an den sechs Phasen des SKI-Modells, sodass eine angemessene Informationsverarbeitung eingeübt wird. Durch den Problemlösekreislauf vollziehen die Kinder bewusst die Schritte des Problemlöseprozesses und erlernen so eine Möglichkeit, in sozialen Situationen eine angemessene Verhaltensreaktion umzusetzen.

Die fünf Schritte des Problemlösekreislaufs liegen dem Förderprogramm sowohl als einzelne Karten als auch als Poster zum Aufhängen bei, wobei die Bilder folgende Bedeutung haben:

1. Was ist passiert? (Lubo mit Lupe)
   Die Gruppe beschreibt differenziert die angesprochene Situation. Das Ziel besteht in der Formulierung einer gemeinsamen Situationsbeschreibung, die die relevanten Informationen enthält.
2. Wie fühle ich mich? Und du? (Lubo mit Herz)
   Die Gefühle der Kinder werden beschrieben, sodass sie lernen, auf Emotionen zu achten.
3. Was möchte ich? (Glühbirne)
   Die Ziele des Kindes in der jeweiligen Situation werden benannt.
4. Was kann ich tun? (Hand mit Kartenspiel)
   Die Gruppe entwickelt unterschiedliche Lösungsmöglichkeiten.
5. Jetzt geht's los! (grüne Ampel)
   Nachdem die Kinder unterschiedliche Lösungen überlegt haben, spielen sie verschiedene, sozial angemessene Lösungen vor.

Trainingsdurchführung. Die Durchführung des Programms erfolgt am besten in einer gemischten Vorschulgruppe mit zehn bis zwölf Kindern über einen Zeitraum von drei bis vier Monaten. Besonders wirksam ist die intensive Förderung mit dem Programm an drei Tagen in der Woche. Verschiedene Elemente sollten zudem in den Gruppenalltag integriert werden, damit wird gemäß der Präventionsforschung (Denham/Burton 2003) eine Übertragung des Gelernten in den Lebensalltag unterstützt.

Wirksamkeit. Gemäß der Forderung an wissenschaftlich fundierte Präventionsprogramme, neben dem wissenschaftlich begründeten Konzept auch die Wirksamkeit empirisch zu überprüfen (z. B. Hahlweg/Heinrichs 2007), erfolgte die Evaluation des Programms durch eine experimentelle Studie über einen Zeitraum von zehn Monaten mit drei Messzeitpunkten. Der Studie lag ein experimentelles Kontrollgruppendesign zugrunde und sie umfasste insgesamt 222 Kinder. Die Experimentalgruppe bestand aus 127 Kindern, die dreimal wöchentlich über 4 Monate am Programm teilnahmen. Sowohl im Post-Test als auch im Follow-Up zeigten die Kinder der Experimentalgruppe signifikant höhere Werte im Bereich ihrer sozial-kognitiven Fähigkeiten und im prosozialen Verhalten. Zudem konnte bei Risikokindern eine Reduktion von Verhaltensproblemen festgestellt werden. Die praktische Bedeutsamkeit dieser Ergebnisse wird durch mittlere bis hohe Effekte gestützt.

4.2 Präventive Förderung in der Grundschule

Die systematischen Reviews zum Themenfeld »Prävention von Verhaltensstörungen« identifizierten international bis 2003 sieben universelle und 13 selektive tendenziell wirksame Präventionsprogramme, die vorrangig zur Vorbeugung von Aggressionen, Depressionen und Angstproblemen sowie zum Aufbau sozialer Kompetenzen konzipiert waren (Brezinka 2003; Heinrichs et al. 2002). Für den deutschen Sprachraum stellten die Autoren zu dieser Zeit einen erheblichen Nachholbedarf fest, da die wenigen deutschen Ansätze sich zumeist noch in Evaluation befanden und insgesamt nur drei Programme als voraussichtlich effektiv bewertet werden konnten (Heinrichs et al. 2002). Umso begrüßenswerter ist es, dass bis 2014 zehn deutschsprachige Programme manualisiert vorliegen,

Tab. 6: Präventionsprogramme in der Grundschule im Überblick

Programm (Autor)	Geförderte Kompetenz	Durchführungsmodus	Methoden	Effekte
Faustlos (Cierpka, 2001) engl. Original Second Step (Beland, 1988)	• Soziale Kompetenz • Kooperatives Problemlösen • Abbau aggressiven Verhaltens	1.–3. Klasse 51 Lektionen: • Empathieförderung • Impulskontrolle • Umgang mit Ärger und Wut	• Rollenspiele • Gesprächsrunden • Feedback • Modelllernen	• Signifikanter Rückgang internalisierender Probleme • Aufbau prosozialen Verhaltens in der Klasse • Signifikanter Rückgang aggressiven Verhaltens bei Kindern mit bereits auffälligem Verhalten
Verhaltenstraining für Schulanfänger (Petermann, Natzke, Gerken, & Walter, 2013)	• Soziale Wahrnehmung • Selbstkontrolle • Prosoziales Verhalten • Reduktion aggressiven und unaufmerksamen Verhaltens	1.–2. Klasse 26 Stunden: • Regeln und Rituale • Auditive und visuelle Aufmerksamkeit • Emotionale Selbst- und Fremdwahrnehmung • Angemessenes Problemverhalten	• Motivation durch Handpuppe • Entspannungstechniken • Rollenspiele	• Signifikanter Rückgang von externalisierendem und internalisierendem Problemverhalten

Tab. 6: Präventionsprogramme in der Grundschule im Überblick – Fortsetzung

Programm (Autor)	Geförderte Kompetenz	Durchführungsmodus	Methoden	Effekte
FREUNDE für Kinder	• Problemlösekompetenz	7–12 Jahre 10 Stunden:	• Positive Verstärkung • Spezifisches Feedback	• Signifikanter Rückgang von Angst Symptomen
(deutsche Bearbeitung: Essau und Conradt, 2003) **orig.: FRIENDS (Barrett, Webster, & Turner, 2003)**	• Bewältigungsstrategien • Körperbewusstsein • Selbstmanagement	• Umgang mit der körperlichen Angstsymptomatik • Kognitiv-emotionale Elemente • Problemlösepläne	• Peer-Tutoring • Erfahrungslernen	• Signifikanter Zuwachs an sozialen Kompetenzen • Hohe Akzeptanz durch die Zielgruppe
Mich und dich verstehen (Bieg & Behr, 2005)	• Selbst- und Fremdwahrnehmung • Empathiefähigkeit • Stress-/Angstbewältigung • Emotionswissen	3.-6. Klasse 84 Übungen/9 Tage: • Selbst- und Fremdwahrnehmung von Gefühlen • Erkennen der Bedürfnisse anderer sowie Training des Einfühlungsvermögens • Angst- und Stressbewältigung	• Entspannungsübungen (Kapitän Nemo) • Gruppenarbeit • Bewegungsphasen	• Signifikanter Rückgang aggressiven, unaufmerksamen sowie ängstlich zurückhaltenden Verhaltens

Tab. 6: Präventionsprogramme in der Grundschule im Überblick – Fortsetzung

Programm (Autor)	Geförderte Kompetenz	Durchführungsmodus	Methoden	Effekte
Friedensstifter Training (Gasteiger-Klicpera & Klein, 2013)	• Konfliktlösekompetenz • Prosoziales Verhalten • Emotionsregulation	1.–4. Klasse 13 Stunden: • Richtiges Verhalten in einem Streit • Verhandeln lernen • Umgang mit Gefühlen lernen • Frieden stiften – anderen Kindern beim Verhandeln helfen	• Rollens piele • Anwenden von Regulationsstrategien • Direkte Rückmeldung	• Signifikanter Rückgang von internalisierendem Problemverhalten • Signifikanter Aufbau prosozialen Verhaltens
Verhaltenstraining für die Grundschule (Petermann, Koglin, Natzke & Marées, 2013)	• Emotional-soziale Kompetenzen • Eigen- und Sozialverantwortung • Moralentwicklung	3. & 4. Klasse 26 Stunden: • Übungen zur emotionalen Kompetenz • Übungen zur sozialen Kompetenz • Übungen zur moralischen Urteilsbildung	• Motivierende Rahmenhandlung • Hörspiel • Gesprächsrunden	• Signifikanter Rückgang von Problemverhalten • Signifikanter Aufbau von sozialem Verhalten • Jungen profitieren in einem größerem Maße

Tab. 6: Präventionsprogramme in der Grundschule im Überblick – Fortsetzung

Programm (Autor)	Geförderte Kompetenz	Durchführungsmodus	Methoden	Effekte
KlasseKinder Spiel (Hillenbrand & Pütz, 2008) **Engl. Original Good Behavior Game (Barrish, Saunders, & Wolf, 1969)**	• Lern- und Arbeitsverhalten • Klassenklima • Reduktion v. Unterrichtsstörungen	1.–6. Klasse 10–20 Minuten täglich: • Direktes Feedback zu Regelverstößen • Verstärkung von regelkonformen Verhalten	• Verhaltenssteuerung durch Feedback • Spielerischer Charakter • Verstärkersystem	• Signifikante Abnahme von Verhaltensproblemen • Steigerung des Lern- und Arbeitsverhaltens
Lubo aus dem All! 1. und 2. Klasse (Hillenbrand, Hennemann,Hens & Hövel, 2013)	• Emotionswissen • Emotionsregulation • Problemlösekompetenz	1./2. Klasse 30 Stunden: • Training der Basisemotionen und der sozialen Wahrnehmung • Training der Emotionsregulation • Training des sozialen Problemlösens	• Motivierende Rahmenhandlung durch Handpuppe • Spielerische Methoden • Erarbeitung eines Problemlösekreislaufs	• Signifikanter Rückgang des Problemverhaltens • Signifikanter Steigerung prosozialen Verhaltens • Größere Effekte bei Risikokindern
Prävention und Resilienzförderung in Grundschulen – PRiGS	• Selbst- und Fremdwahrnehmung • Selbststeuerung • Stressbewältigung	1.–4. Klasse 4x10 Stunden: • Training der Resilienzfaktoren Selbst- und Fremdwahrnehmung,	• Spiralcurriculum • Wiederkehrende Inhalte • Geschichten und Fantasiereisen	• Signifikante Steigerung des Selbstkonzepts • Signifikanter Rückgang von Problemverhalten

Tab. 6: Präventionsprogramme in der Grundschule im Überblick – Fortsetzung

Programm (Autor)	Geförderte Kompetenz	Durchführungsmodus	Methoden	Effekte
(Fröhlich-Gildhoff, Becker, & Fischer, 2012)	• Selbstwirksamkeit • Prosoziales Verhalten	Selbststeuerung, Selbstwirksamkeit, Problemlösen, soziale Kompetenz und Stressbewältigung		• Steigerung der kognitiven Leistungsmöglichkeit
Ben & Lee – Trainingsprogramm zur Prävention von Gefühls- und Verhaltensstörungen in den Klassen 3 und 4 (Hennemann, Hövel & Urban, in Vorbereitung)	• Emotional-soziale Kompetenzen • Curriculare Kompetenzen	3./4. Klasse Insgesamt 34 Stunden: • 3 Bausteine • Jeder Baustein verfolgt Entwicklungs- und Fachanliegen	• Motivierende Rahmenhandlung • Hörspiel • Rollenspiele • Versuche	• Groß angelegte Evaluationsstudie (ca. 1000 SuS) läuft • Wirksamkeit in den Bereichen prosoziales Verhalten, Problemlösekompetenz und Reduktion von Problemverhalten wird überprüft

die in Evaluationsstudien auf ihre Effektivität und Wirkungsbereiche hin überprüft wurden. Viele dieser Programme sind Adaptionen aus dem englischsprachigen Raum. Tabelle 6 stellt in der zeitlichen Abfolge der ersten deutschen Veröffentlichung überblicksartig universelle und selektive deutschsprachige schulische Präventionsprogramme zusammen, die im Folgenden kurz skizziert werden.

Faustlos – Curriculum zur Förderung sozial-emotionaler Kompetenzen und zur Gewaltprävention (Cierpka 2001; orig. »Second Step« nach Beland 1988)

Allgemeines: Das deutsche Curriculum des Faustlos-Programms (Cierpka 2001) ist eine Adaption des amerikanischen Second-Step-Trainings (Beland 1988). Es ist speziell für die Prävention aggressiven und gewaltbereiten Verhaltens bei Kindern in der Grundschule konzipiert (Schick/Cierpka 2003). Das Programm beinhaltet insgesamt 51 Lektionen, die im Zeitraum von der ersten bis dritten Klasse universell von den Lehrkräften mit der gesamten Schulklasse durchgeführt werden sollen. Darüber hinaus gibt es eine Weiterentwicklung für die weiterführende Schule.

Trainingsziele: Faustlos zielt darauf ab, aggressives Verhalten zu vermindern und gleichzeitig die soziale Kompetenz der Schülerinnen und Schüler zu erhöhen. Im Sinne einer kompensatorischen Förderung sollen Defizite in der emotional-sozialen Entwicklung behoben sowie kooperative Problemlösestrategien bei der Lösung alltäglicher Probleme trainiert werden. Konkret wird die Förderung der Empathiefähigkeit, eine bessere Impulskontrolle und eine erhöhte Problemlösekompetenz fokussiert.

Trainingsmethode: Das Programm wird über einen längeren Zeitraum von mehreren Schuljahren in insgesamt 51 Lektionen durchgeführt. Ein möglicher Durchführungsmodus ist folgender:

1. Klasse: 22 Lektionen mit dem Schwerpunkt Empathieförderung
2. Klasse: 15 Lektionen zur Impulskontrolle
3. Klasse: 14 Lektionen zum Umgang mit Ärger und Wut

Innerhalb eines Schuljahres sollen die dort vorgesehenen Lektionen in einen zweiwöchentlichen Rhythmus durchgeführt werden. Da das Programm kognitiv ausgerichtet ist, setzt es zu großen Teilen auf Rollenspiele, Gesprächsrunden und regelmäßige Rückmeldeschleifen. Über Vorbilder, Erfahrungen und Belohnungen sollen prosoziale Verhaltensweisen und Problemlösestrategien erlernt werden.

Wirksamkeit: In der englischsprachigen Originalstudie mit quasiexperimentellem Kontrollgruppendesign konnte sowohl direkt nach dem Training als auch sechs Monate später kein signifikanter Unterschied zwischen der Interventions- und der Kontrollgruppe im Lehrer und Elternurteil festgestellt werden. Die direkte Beobachtung der Klassen zeigte eine signifikante Zunahmen sozial erwünschten Verhaltens und eine signifikante Abnahme von aggressivem Verhalten (Brezinka 2003, S. 75). Die Effekte des deutschsprachigen Trainings weisen bislang auf eine signifikante Verbesserung im internalisierenden Problembereich (Angst/Depressivität) hin, nicht jedoch auf die ursprünglich formulierte Zieldimension, die Verminderung aggressiven oder dissozialen Verhaltens (Schick/Cierpka 2003). In einer weiteren unabhängigen Studie (Bowi et al. 2008) konnten diese Ergebnisse repliziert werden. Zudem konnte bei Kindern mit aggressivem Verhalten dieses Problemverhalten signifikant reduziert werden (ebd.).

Verhaltenstraining für Schulanfänger – Ein Programm zur Förderung sozialer und emotionaler Kompetenzen (Petermann et al. 2013)

Allgemeines: Das Verhaltenstraining für Schulanfänger ist ein universell präventives Trainingsprogramm, das für den Einsatz in der Schuleingangsphase konzipiert ist. Es handelt sich um die Fortsetzung des Verhaltenstrainings im Kindergarten (Koglin/Petermann 2013; s. o.). Das Programm soll Kinder beim Übergang von der Vor- in die Grundschule unterstützen und emotionale und soziale Kompetenzen aufbauen.

Trainingsziele: Primäres Ziel des Trainings ist die Prävention von aggressivem und unaufmerksamem Verhalten. Diese übergeordneten Zielkategorien werden durch weitere spezifische Ziele zu erreichen versucht. Konkret werden die Verbesserung der sozialen Wahrnehmung, die Verbesserung der Selbstkontrolle und Selbststeuerung sowie der Aufbau prosozialen Verhaltens angestrebt. Dazu gehört auch die Förderung der Problemlösekompetenz.

Trainingsmethode: Die insgesamt 26 Trainingsstunden sind eingebettet in eine für die Kinder motivierende Schatzsuche, die durch das »Chamäleon Ferdi«, eine Handpuppe, begleitet und unterstützt wird. Die Schatzsuche soll die Kinder zum einen motivieren, zum anderen verbinden sie die Ergebniserwartung der Teilnehmer (»einen Schatz finden«) mit der Belohnung für ihre erbrachte Leistung. Die 26 Trainingssitzungen werden ein bis zwei Mal pro Woche von der Lehrperson mit der gesamten Schulklasse durchgeführt und gliedern sich in folgende Bereiche:

- Trainingsgrundlagen: Stunden 1–3;
- Auditive und visuelle Aufmerksamkeit: Stunden 4–6;
- Selbst- und Fremdwahrnehmung: Stunden 7–12;
- Soziale Basiskompetenzen, angemessenes Problemverhalten: Stunden 13–26.

Wirksamkeit: Insgesamt stellt sich dieses Programm als sehr motivierend für die Kinder dar und weist in ersten Evaluationsstudien positive Effekte in Bezug auf die Programmziele auf. Die Ergebnisse der Evaluationsstudien zeigen einen signifikanten Rückgang von externalisierendem und internalisierendem Verhalten (gemessen mit dem Strenghts and Difficulties Questionnaire; Goodman 1997), besonders ein Jahr nach dem Training (Natzke/Petermann 2009). Im Rahmen einer weiteren Kontrollgruppenstudie (Gerken et al. 2002) konnte darüber hinaus ein signifikanter Rückgang aggressiven, unaufmerksamen und ängstlichen Verhaltens gezeigt werden, der sich auch bei der Follow-Up-Messung sechs Monate später abbilden ließ.

Verhaltenstraining für die Grundschule – Ein Präventionsprogramm zur Förderung emotionaler und sozialer Kompetenzen (Petermann et al. 2013)

Allgemeines: Das Verhaltenstraining für die Grundschule ist die Weiterführung des Verhaltenstrainings für Schulanfänger in der dritten und vierten Klasse der Primarstufe. Es ist universell präventiv ausgerichtet und soll von der Lehrkraft mit der gesamten Schulklasse durchgeführt werden.

Trainingsziele: Ziel des Programms ist die Förderung emotionaler und sozialer Kompetenzen sowie der Aufbau einer Eigen- und Sozialverantwortung. Darüber hinaus zielt es auch auf die moralische Entwicklung der Kinder ab. Spezifische Zieldimensionen sind z. B. die Verbesserung der emotionalen Sensitivität, Empathieförderung und die Förderung moralischer Wertmaßstäbe.

Trainingsmethode: Die insgesamt 26 Trainingsstunden, die sich über drei Bausteine verteilen, sind eigenbettet in eine motivierende Rahmenhandlung. Diese wird den Schülerinnen und Schülern in Form eines Hörspiels zu Beginn jeder Stunde präsentiert. Die Identifikationsfiguren Julie, Cedric, Mehmet und Irina erleben »Abenteuer auf Schloss Duesterbrock« und führen so in die Themen der Stunde ein. Diese für die Kinder sehr ansprechende Rahmenhandlung trägt zu einem kontinuierlichem Spannungsbogen und einer guten Motivation auf Seiten der Schülerinnen und Schüler über das gesamte Training bei. Die drei curricular aufeinander aufbauenden Bausteine des Trainings sind wie folgt untergliedert:

- Übungen zu emotionalen Kompetenzen: Stunden 1–10;
- Übungen zur sozialen Kompetenzen: Stunden 11–18;
- Übungen zu Eigen- und Sozialverantwortung: Stunden 19–26.

Wirksamkeit: Die Effektivität des Trainings wurde in mehreren wissenschaftlichen Studien überprüft. In einer größeren quasiexperimentellen Studie mit 372 Schülerinnen und Schülern aus Bremen und Niedersachen wurden signifikant weniger sozial-emotionale Probleme und ein verbessertes Sozialverhalten innerhalb der Versuchsgruppe festgestellt. Die Ausprägung der Trainingseffekte war bei Jungen größer als bei Mädchen (Marées/Petermann 2010).

Freunde für Kinder – Trainingsprogramm zur Prävention von Angst und Depression (Essau/Conradt 2003; Orig. nach Barrett et al. 2000)

Allgemeines: Die deutsche Fassung des bereits im Jahr 2000 auf Englisch veröffentlichten Freunde-Programms (Barrett et al. 2003) wurde von Essau und Conradt erarbeitet. Es handelt sich um ein kognitiv-verhaltenstherapeutisches Programm für den universellen Einsatz bei Kindern zwischen sieben und zwölf Jahren zur Prävention von internalisierenden Störungen.

Trainingsziele: Das Freunde-Programm zielt auf die Prävention von internalisierenden Störungen, wie z. B. Angststörungen oder kindliche Depressionen. Weitere spezifische Trainingsziele sind diesen Dimensionen untergeordnet, so z. B. die Reduktion von Rückzugsverhalten, die Förderung von Selbstbewusstsein, Empathieförderung oder den Aufbau von Strategien des kognitiven Modellierens.

Trainingsmethode: Das Programm kann in Gruppen von bis zu zwölf Schülerinnen und Schülern oder in Schulklassen mit mindestens zwei Gruppenleitern durchgeführt werden. Die Inhalte sind kognitiv-verhaltenstherapeutisch ausgerichtet. In den insgesamt zehn Sitzungen, die im wöchentlichen Rhythmus durchgeführt werden sollen, werden folgende Zielbereiche gefördert:

- Physiologischer Bereich
- Kognitiver Bereich
- Behavioraler Bereich

Über das Training mit den Kindern hinaus sind vier Elternabende vorgesehen, in denen die Eltern über die wichtigsten Inhalte und Möglichkeiten zur Unterstützung ihres Kindes informiert werden.

Wirksamkeit: Das Programm wurde sowohl in verschiedenen amerikanischen als auch australischen Studien positiv evaluiert. In einer Studie mit der deutschen Fassung mit 124 Schülerinnen und Schülern aus der Primarstufe zeigten sich eine signifikante Verminderung von Angstsymptomen und eine Ausweitung der sozialen Kompetenzen (Barrett et al. 2003).

Mich und Dich verstehen – Ein Trainingsprogramm zur Emotionalen Sensitivität bei Schulklassen und Kindergruppen im Grundschul- und Orientierungsstufenalter (Bieg/Behr 2005)

Allgemeines: Mich und Dich verstehen (MUDV) ist ein Programm zur Förderung der emotionalen Sensitivität und für den Einsatz bei Kindern von der dritten bis zur sechsten Klasse konzipiert. Es geht von der Grundannahme aus, dass Emotionen jegliches Denken und Handeln bestimmen und fokussiert daher einen günstigen Umgang mit Emotionen. Um die Lehrplankonformität zu gewährleisten, ist es inhaltlich mit den curricularen Vorgaben des Landes Baden-Württemberg abgeglichen.

Trainingsziele: Unter dem Leitsatz »Gefühle dürfen immer sein« zielt MUDV darauf ab, die Selbst- und Fremdwahrnehmung von Gefühlen und deren Benennen und Vergleichen zu stärken, die Fähigkeit zur Empathie und des Zuhörens zu fördern sowie das aktive Stress- und Angstbewältigungsverhalten der Schülerinnen und Schüler zu verbessern.

Trainingsmethode: Das Training ist durch den Lehrplanbezug auf den Einsatz in der Schule zugeschnitten und gestaltet sich sehr abwechslungsreich. Insgesamt umfasst das Programm 84 Übungen, die sich über drei Bausteine verteilen. Es kann von einer Lehrkraft mit der ganzen Klasse durchgeführt werden. Folgende Bausteine sieht die Programmkonzeption vor:

1. Selbst- und Fremdwahrnehmung von Gefühlen;
2. Einfühlen in andere, Erkennen von Bedürfnissen, Umsetzung des Einfühlungsvermögens,
3. Angst- und Stressbewältigung.

Die Anwendung der einzelnen Übungen ist auf eine kurze, tägliche Umsetzung angelegt. Methodisch sind diese Übungen sehr abwechslungsreich gestaltet und umfassen sowohl körperzentrierte, künstlerische und gruppendynamische Arrangements als auch Bewegungsspiele und Phantasiereisen.

Wirksamkeit: In einem von der Landesregierung Baden-Württemberg geförderten Forschungsprojekt zum Programm wurde die Maßnahme an einer Stichprobe von insgesamt 473 Dritt- und Viertklässlern evaluiert. Die Ergebnisse weisen auf eine positive Wirkung vor allem im Bereich der Reduktion von unaufmerksamem, aggressivem und zurückhaltendem Verhalten hin (Bieg/Behr 2005).

Das Friedensstifter-Training – Grundschulprogramm zur Gewaltprävention (Gasteiger-Klicpera/Klein 2013)

Allgemeines: Die Einsatzmöglichkeit des Friedensstifter-Trainings erstreckt sich über die gesamte Primarstufe von der ersten bis zur vierten Klasse. Es ist universell-präventiv sowohl auf Klassenebene als auch auf Schulebene anwendbar.

Trainingsziele: Die Autoren leiten die Inhalte und Ziele des Programms aus der sozialen Lerntheorie von Bandura (1986) und der Theorie der sozial-kognitiven Informationsverarbeitung nach Crick und Dodge (1994) ab. Konkret sind dies die Förderung der Konfliktlösekompetenz, Verbesserung des prosozialen Verhaltens, der Umgang mit eigenen (v. a. negativen) Emotionen und die Verbesserung des sozialen Miteinanders.

Trainingsmethode: Die insgesamt 13 Unterrichtseinheiten sind in vier Bereiche gegliedert:

1. *Wie verhalte ich mich in einem Streit; Unterrichtseinheit 1–3*
   Die genaue Bestimmung eines Streits und die Fähigkeit der Kinder, in einem Streit das eigene Verhalten und Handlungsalternativen zu bestimmen, ist Gegenstand dieser Einheiten.

2. *Positives Verhandeln lernen; Unterrichtseinheit 4–7*
   Die Trennung zwischen Sach- und Beziehungsebene wird in diesem Trainingsabschnitt mit Hilfe einer Zielanalyse als Voraussetzung einer Lösungsfindung bearbeitet.
3. *Umgang mit Gefühlen, primär Wut und Ärger; Unterrichtseinheit 8–10*
   Handlungsbezogene Regulationsstrategien für emotional schwierige Situationen, vor allem solche, in denen Wut und Ärger empfunden werden, erarbeitet das Training mit den Schülerinnen und Schülern im dritten Teil.
4. *Frieden stiften – anderen Kindern beim Verhandeln helfen; Unterrichtseinheit 11–13*
   Der letzte Abschnitt befasst sich mit dem Thema »Mediator«. Die Kinder versuchen, die Rolle einer Person außerhalb des Konfliktes einzunehmen, um anderen beim Streitlösen zu helfen. Eine Rahmenhandlung oder eine Identifikationsfigur gibt es in diesem Programm nicht.

Wirksamkeit: Die Effekte des Trainings sind in mehreren größeren Studien nachgewiesen wurden: Ein signifikanter Rückgang an Symptomen des sozialen Rückzugs und eine Ausweitung prosozialen Verhaltens konnte nachgewiesen werden (Gasteiger-Klicpera/Klein 2013). Dabei zeigt das Training größere Effekte, wenn es von Klassenlehrern durchgeführt wird und das Programm vom Lehrerkollegium getragen wird (Reicher/Jauk 2012).

Das KlasseKinderSpiel (Hillenbrand/Pütz 2008; Orig. Good Behavior Game von Barrish et al. 1969)

Allgemeines: Beim KlasseKinderSpiel (KKS) handelt es sich um ein Gruppenkontingenzverfahren mit spielerischem Charakter. Das KKS ist in erster Linie universell, d. h. alle Kinder einer Klasse sind beteiligt. Daneben ist es aber auch möglich, die Maßnahme selektiv einzusetzen, d. h. in Klassen mit Kindern mit erhöhter Risikobelastung (Hagen et al. 2012).

Trainingsziele: Primäre Ziele der Maßnahme sind die Reduktion von Unterrichtsstörungen und die Förderung eines positiven Lern- und Arbeitsverhalten sowie die Schaffung eines lernförderlichen Klassenklimas.

Trainingsmethode: Das KlasseKinderSpiel ist eine Form der Verhaltenssteuerung durch direktes Feedback der Lehrkraft – eine der effektivsten Methoden der Lernförderung (Hattie et al. 2013) – zu vorher gemeinsam mit der Klasse definierten Verhaltensweisen während bestimmter Phasen des Unterrichts. Die Klasse wird in unterschiedliche Teams eingeteilt. Diese Teams treten für einen vorher abgesprochenen Zeitraum von 10 bis maximal 20 Minuten während des Unterrichts gegeneinander an. Verletzt ein Teammitglied in dieser Zeit eine der in der Klasse gemeinsam verabschiedeten Regeln, so erhält das gesamte Team hierfür einen Punkt – ein »Foul«. Am Ende der Spielzeit gewinnt die Mannschaft mit den wenigsten Fouls. Sollten mehrere Mannschaften gleich wenig Fouls aufweisen, so gewinnen alle diese Teams. Für die Gewinner gibt es eine abgesprochene Belohnung. Für den Transfer des Spiels wird es nach einiger Zeit auch in anderen Phasen des Schultags gespielt.

Wirksamkeit: Zahlreiche Untersuchungen belegen die positive Wirkung des Spiels auf das Sozialverhalten und die Lerneffektivität. Gerade bei sehr aggressiven Kindern zeigt sich eine signifikante Abnahme von Verhaltensproblemen, die auch in einem Langzeit-Follow-Up von sechs Jahren stabil bleibt (Kellam et al. 1994). Es trifft auf große Akzeptanz bei Lehrkräften und Schülern. Darüber hinaus handelt es sich um eines der einfachsten und zugleich effektivsten schulischen Präventionsprogramme (Hagen et al. 2012).

»Lubo aus dem All!« – Programm zur Förderung sozial-emotionaler Kompetenzen (Hillenbrand et al. 2013)

Allgemeines: Das Training »Lubo aus dem All!« ist ein Training zur universellen, selektiven und indizierten präventiven Förderung sozial-emotionaler Kompetenzen. Es ist für den Einsatz in der Schuleingangsstufe sowohl der allgemeinen Schule als auch der Förderschule entwickelt worden und wird mit der gesamten Klasse über einen Zeitraum von vier Monaten bis zu einem Jahr durchgeführt.

Trainingsziele: Die Ziele des Programms, wie die Vermittlung von Emotionswissen, die Vermittlung von Emotionsregulationsstrategien und die Förderung der Problemlösefertigkeit, lassen sich aus der der Trainingskonzeption zugrunde liegenden Theorie der sozial-kognitiven Informationsverarbeitung (SKI) ableiten.

Trainingsmethode: Die 30 Grundeinheiten werden mit der gesamten Lerngruppe ca. zweimal wöchentlich durchgeführt und können nun je nach individueller Notwendigkeit, z. B. bei Kindern mit Gefühls- und Verhaltensstörungen, durch 23 Vertiefungsstunden ergänzt werden. Die Unterrichtstunden sind in drei Bausteine gegliedert und thematisch in eine motivierende Rahmenhandlung eingebettet. Lubo, ein kleiner grüner Außerirdischer mit knallroten Stiefeln, besucht die Erde. Er möchte hier Freunde finden. Bei dieser Suche stößt er immer wieder auf schwierige Rätsel des sozialen Miteinanders auf der Erde, bei deren Lösung ihm die Kinder helfen.

- *Baustein 1 (Basisemotionen):* Stunden 1–12 zzgl. 5 optionaler Vertiefungsstunden
- *Baustein 2 (Emotionsregulationstraining):* Stunden 13–17 zzgl. 8 optionaler Vertiefungsstunden sowie einer Stationsarbeit
- *Baustein 3 (Problemlösetraining):* Stunden 18–30 zzgl. 10 optionaler Vertiefungsstunden.

Der chronologische Aufbau der Bausteine folgt den Entwicklungsschritten der emotionalen und sozialen Entwicklung und beginnt mit dem Training der Basisemotionen als notwendiger Vorrausetzung für die Entwicklung adaptiver Emotionsregulationsstrategien. Diese sind wiederum Voraussetzung für ein kognitives Problemlösen, wie es im Baustein drei des Trainings eingeübt wird (siehe hierzu auch die Entwicklungsschritte der emotionalen und sozialen Entwicklung wie in Kapitel 1 dargestellt).

Wirksamkeit: Die Evaluation des Lubo-Programms ergibt eine insgesamt positive Gesamteinschätzung. Sowohl auf der Ebene erworbenen Wissens der Kinder im sozialen Problemlösen wie auch auf der Verhaltensebene im Bereich gezeigter emotional-sozialer Kompetenzen und der Kompetenzen im Lern- und Arbeitsverhalten aus Sicht der Lehrkräfte sowie der sozialen Akzeptanz (Soziometrie) konnten signifikant bessere Ergebnisse der Kinder der Experimentalgruppe gegenüber den Kontrollgruppenkindern nachgewiesen werden (Hennemann et al., 2012). Die Effektstärken in diesen Bereichen weisen allesamt auf eine praktische Bedeutsamkeit dieser Unterschiede hin (ebd., 47 f.). Im Rahmen einer Evaluationsstudie mit 225 Förderschülern konnten Effekte hinsichtlich des Aufbaus der emotional-sozialen Kompetenzen sowie im Rückgang der Problembelastung im Bereich Verhalten und schulischer Fertigkeiten nachgewiesen werden (Hövel 2014).

Prävention und Resilienzförderung in Grundschulen – PRiGS (Fröhlich-Gildhoff et al. 2012)

Allgemeines: Das Programm zur Prävention und Resilienzförderung in Grundschulen (PRiGS) zielt auf die Förderung der seelischen Widerstandskraft und der Stärkung der personalen Schutzfaktoren von Kindern im Grundschulalter und setzt universell für die Klassenstufen 1–4 an.

Trainingsziele: Abgeleitet aus der Resilienzforschung verfolgt das Programm die Förderung der Selbst- und Fremdwahrnehmung, der Selbststeuerung, des Umgangs mit Stress, der Selbstwirksamkeit, der sozialen Kompetenz und der Problemlösekompetenz.

Trainingsmethoden: PRiGS ist spiralcurricular aufgebaut, d. h. die einzelnen inhaltlichen Schwerpunkte werden modifiziert immer wiederkehrend den Kindern angeboten. Der Einsatz des Programms erstreckt sich von der ersten bis zur vierten Klasse, wobei pro Schuljahr zehn Einheiten von 45–60 Minuten vorgesehen sind. Die Einheiten für ein Schuljahr sollen im wöchentlichen Rhythmus durchgeführt werden. Methodisch setzt das Programm auf Geschichten und Fantasiereisen, die den Kindern ermöglichen sollen, Mut und Stärken in einem geschützten Rahmen zu entdecken.

Wirksamkeit: Eine erste Evaluation des Förderprogramms wurde in einem selektiven Setting, in Grundschulen in Stadtteilen mit einer hohen Rate an Familien und Kindern mit sozialen Benachteiligungen, erfolgreich evaluiert. Dabei ließen sich signifikant positive Effekte auf das soziale Selbstkonzept und das Selbstvertrauen der Schülerinnen und Schüler feststellen. Des Weiteren konnte eine signifikante Zunahme prosozialen Verhaltens, eine Abnahme von unaufmerksamem/hyperaktivem Verhalten und ein Rückgang von Verhaltensproblemen mit Gleichaltrigen gezeigt werden.

Ben & Lee – Konzeption und Evaluation eines Trainingsprogramms zur Prävention von Gefühls- und Verhaltensstörungen in den Klassen 3 und 4 (Hennemann et al., in Vorbereitung)

Allgemeines: Das Trainingsprogramm setzt auf universeller Ebene in dritten und vierten Klassen an und kombiniert die Förderung emotional-sozialer Kompetenzen mit der Vermittlung curricularer Inhalte der Unterrichtsfächer Sachunterricht und Deutsch. Das Programm wird voraussichtlich im Jahr 2015 veröffentlicht.

Trainingsziele: Die Trainingsziele des Programms lassen sich in zwei Bereiche gliedern: Zum einen werden verschiedene Entwicklungsbereiche der emotional-sozialen Entwicklung gefördert (z. B. Emotionsregulation, Problemlösekompetenz). Zum anderen zielt die Maßnahme auf die Vermittlung von Fachinhalten (z. B. Gesundheitskompetenz, Umwelt und Natur). Der im schulischen Kontext wichtigen Verknüpfung von Fach- und Entwicklungszielen wird damit Rechnung getragen.

Trainingsmethode: Das Training verteilt sich auf drei Bausteine mit insgesamt 34 Stunden zu 60–90 Minuten. Jeder Baustein verfolgt zusätzlich zu einem Entwicklungsanliegen konkrete Fachanliegen aus den Fächern Deutsch und Sachunterricht. Alle Anliegen entsprechen den Anforderungen der NRW-Lehrpläne für Sachunterricht und Deutsch der Klassen 3/4. Die Inhalte sind eingebettet in eine motivierende Rahmenhandlung. Die beiden Kinder Ben & Lee geraten durch einen geheimnisvollen Kompass auf eine Zeitreise, auf der sie sich zuerst bei den Indianern, dann bei den Piraten und schließlich in der Zukunft wiederfinden. Auf ihren Reisen stoßen sie immer wieder auf Rätsel und Probleme der Gefühle und des Miteinanders. Unter anderem durch Rollenspiele und Versuche helfen die Kinder bei der Lösung.

Wirksamkeit: Derzeit (Stand: Sommer 2014) läuft eine groß angelegte Evaluationsstudie zu dem Programm mit ca. 750 Schülerinnen und Schülern der 3. und 4. Klasse in NRW. Erste Ergebnisse belegen die Wirksamkeit des Programms für Risikogruppen (Hövel et al. 2014). So konnten bei 166 Dritt- und Viertklässlern signifikante Verbesserungen in den Bereichen Emotionsregulation, Verständnis sozialer Situationen und sozial kompetenten Handelns nachgewiesen werden. Die Effektstärken liegen zwischen $d = 0.31$ bis $d = 0.68$ und damit im kleinen bis mittleren Bereich (ebd.). In Abhängigkeit der Klassenzusammensetzung konnten in einzelnen Kompetenzbereichen Effektstärken bis $d = 1.05$ nachgewiesen werden (ebd.).

4.3 Präventive Förderung in der weiterführenden Schule

Die Prävalenzraten von Gefühls- und Verhaltensstörungen zeigen den pädagogischen Handlungsbedarf in der Sekundarstufe I auf und verdeutlichen die Relevanz schulischer Präventionsmaßnahmen für diesen Bereich. Betrachtet man die Ergebnisse der Resilienzforschung, gilt es im Jugendalter, sowohl Risikofaktoren zu mildern als auch Schutzfaktoren zu fördern. Unter Berücksichtigung der zentralen Entwicklungsaufgaben in diesem Lebensabschnitt setzen schulische Präventionsmaßnahmen an diesen Punkten an und fokussieren zum einen die Reduktion spezifischer

Störungsformen und zum anderen den Aufbau emotional-sozialer Kompetenzen. Dabei erweist sich eine systematische Förderung in der Sekundarstufe I als besonders günstig. Bereits in frühen Studien weisen Anderson et al. (1987) Verbesserungen im emotionalen Empfinden bei elfjährigen Kindern nach, die unter multiplen Risikobedingungen aufwachsen. Auch Velez et al. (1989) berichten signifikante Fortschritte im Aufbau prosozialen Verhaltens bei Risikokindern zwischen 9 und 19 Jahren. Gerade die Transition von der Grundschule zur weiterführenden Schule zeichnet dabei eine Phase, die gleichermaßen mit einer erhöhten Vulnerabilität der Kinder als auch mit günstigen Ansatzpunkten zur schulischen Förderung emotional-sozialer Kompetenzen einhergeht (Hennemann et al. 2010).

Mittlerweile existieren für die Sekundarstufe I zahlreiche Präventionsprogramme mit unterschiedlichen Schwerpunkten (z.B. Lohaus/Domsch 2009; Reicher/Jauk 2012). Diese Maßnahmen zur schulischen Förderung lassen sich schwerpunktmäßig wie folgt klassifizieren (Casale et al. 2014):

- Programme zur Reduktion externalisierender Verhaltensstörungen (aggressives und dissoziales Verhalten, ADHS);
- Programme zur Reduktion internalisierender Verhaltensstörungen (Angst/Depression);
- Programme zum Aufbau sozial-emotionaler Kompetenzen;
- Lebenskompetenztrainings zum Aufbau von Kompetenzen, die zu selbstständiger Lebensführung befähigen;
- Programme zur Suchtprävention.

Im Folgenden werden Präventionsprogramme der Sekundarstufe I für den deutschsprachigen Raum strukturiert vorgestellt. Danach erfolgt eine vertiefende Vorstellung ausgewählter Maßnahmen.

Tab. 7: Ausgewählte deutschsprachige Präventionsprogramme für den Einsatz in der weiterführenden Schule

Programm (Autor)	Geförderte Kompetenz	Durchführungsmodus	Methoden	Evaluation
Freunde für Kinder (Barret et al. 2003)	• Problemlösekompetenz • Bewältigungsstrategien • Körperbewusstsein • Selbstmanagement	7–12 Jahre 10 Stunden: • Umgang mit der körperlichen Angstsymptomatik • Kognitiv-emotionale Elemente • Problemlösepläne	• Positive Verstärkung • Spezifisches Feedback • Peer-Tutoring • Erfahrungslernen	• Signifikanter Rückgang von Angst-Symptomen • Signifikanter Zuwachs an sozialen Kompetenzen • Hohe Akzeptanz durch die Zielgruppe
Snake (Beyer & Lohaus 2006)	• Problemlösekompetenz • Stressbewältigung • Wissensaufbau (bzgl. Stress)	Je vier Einzelsitzungen in vier Modulen (16 Einheiten)	• Fallbeispiele • Gruppengespräche • Rollenspiele • Entspannungsübungen • Stressschlange »Snake«	• Erhöhte Problemlösekompetenz • Stressbezogene Wissenszuwächse • Reduktion subjektiv wahrgenommener Probleme
Mich und Dich verstehen (Bieg & Behr 2005)	• Selbst- und Fremdwahrnehmung • Empathiefähigkeit • Stress-/Angstbewältigung • Emotionswissen	3.–6. Klasse 84 Übungen/9 Tage: • Selbst- und Fremdwahrnehmung von Gefühlen	• Entspannungsübungen (Kapitän Nemo) • Gruppenarbeit • Bewegungsphasen	• Signifikanter Rückgang aggressiven, unaufmerksamen sowie ängstlich zurückhaltenden Verhaltens

Tab. 7: Ausgewählte deutschsprachige Präventionsprogramme für den Einsatz in der weiterführenden Schule – Fortsetzung

Programm (Autor)	Geförderte Kompetenz	Durchführungsmodus	Methoden	Evaluation
		• Erkennen der Bedürfnisse anderer sowie Training des Einfühlungsvermögens • Angst- und Stressbewältigung		
KlasseTeamSpiel (Hillenbrand & Pütz 2008)	• Reduktion von Unterrichtsstörungen • Regelverhalten	flexibel in Unterricht integrierbar	• Gruppenkontingenzverfahren • Verstärken von Verhalten	• Verbesserung Sozialverhalten • Erhöhung Lerneffektivität
GO! – Gesundheit und Optimismus (Junge et al. 2002)	• Prävention von Angststörungen	insgesamt 24 Sitzungen zu vier versch. Bereichen	• Selbsterfahrung • Gruppendiskussion • Rollenspiele	• Angstsymptomatik kann reduziert werden
PPC – Positive Peer Culture (Opp & Unger 2006)	• Solidarität • Empathie • Soziale Integration	regelmäßige Treffen der Peer Group unter Anleitung eines Erwachsenen	• Peer-Mediation • Gespräche • Gruppendiskussion	• Steigerung der Problemlösekompetenzen und des Selbstwertgefühls
Fit for Life (Petermann et al. 2001)	• berufliche & gesellschaftliche Integration • Sozialkompetenz	13 Trainingsmodule á 90 Minuten	• (Video-)Feedback • Konzentrationsübungen	• positive Verhaltensveränderungen • Zunahme prosozialen Verhaltens und Problemlösekompetenz

Tab. 7: Ausgewählte deutschsprachige Präventionsprogramme für den Einsatz in der weiterführenden Schule – Fortsetzung

Programm (Autor)	Geförderte Kompetenz	Durchführungsmodus	Methoden	Evaluation
Lars & Lisa (Pössel & Horn 2004)	• Prävention von Depression • Perspektivübernahme	zehn Gruppensitzungen	• Rollenspiele	• positive Effekte auf selbstberichtete Depressivität • positive Effekte auf Selbstwertgefühl
fairplayer.manual (Scheithauer & Bull 2008)	• Zivilcourage • Prosoziales Verhalten • Sozialkompetenz	11 Schritte, gegliedert in 15–17 Einheiten	• Modellernen • Verhaltensfeedback • soziale Verstärkung	• signifikanter Rückgang von Bullying und selbstberichteter Viktimisierung
Medienhelden (Scheithauer 2012)	• Prävention von Cybermobbing • Medienkompetenz	8 Module, 15 Einheiten + Medienhelden-Projekttag	• Modelllernen • Verhaltensübungen • Rollenspiele • Peer-Tutoring	• Steigerung der Perspektivübernahme • Zunahme sozialer Kompetenzen • Abnahme Cybermobbing

Fit for Life – Module und Arbeitsblätter zum Training sozialer Kompetenz für Jugendliche (Jugert et al. 2006)

Allgemeines: Das Programm Fit for Life definiert als übergeordnetes Ziel die berufliche und gesellschaftliche Integration von Jugendlichen und empfiehlt sich zur Durchführung in verschiedenen pädagogischen Institutionen, z. B. in der Jugendhilfe, Jugendberufsberatung, Berufsbildung, Schule, Jugendgerichtshilfe und Jugendarbeit. Das in 13 Module gegliederte Training wird für den Einsatz mit Schülerinnen und Schülern von 13 bis 21 Jahren empfohlen. Da als Zielgruppe primär sozial benachteiligte Jugendliche benannt werden, ist Fit for Life als selektive Präventionsmaßnahme angelegt.

Trainingsziele: Das übergeordnete Ziel der gesellschaftlichen und beruflichen Integration soll durch die Vermittlung sozialer Kompetenz und beruflicher Schlüsselqualifikationen erreicht werden. Die Entwicklung sozialer und kognitiver Fertigkeiten soll unterstützt sowie die Arbeitsfähigkeit der Jugendlichen verbessert werden. Geschult werden darüber hinaus die Bewältigung von belastenden Situationen, ein realistisches und stabiles Selbstbild sowie Sicherheit in sozialen Situationen. Außerdem zielt das Training auch auf den Abbau aggressiven Verhaltens ab.

Trainingsmethode: Ausgehend von der sozial-kognitiven Lerntheorie und dem Modell der sozial-kognitiven Informationsverarbeitung werden 13 Module vorgelegt, die auf die Förderung der genannten Ziele angelegt sind. Die Autoren empfehlen die Trainingsdurchführung innerhalb eines halben Jahres. Die Inhalte der Bausteine sind auf jeweils 90 Minuten angelegt und somit in einer Doppelstunde durchführbar. Eingesetzte Methoden sind z. B. Rollenspiele mit Videoaufnahme, soziale Verhaltensregeln mit anschließendem Feedback sowie die Simulation von Bewerbungsgesprächen. Das Training versucht an der schulischen Realität der Jugendlichen anzuknüpfen und forciert die Mitbestimmung der Teilnehmer. Außerdem werden ritualisierte Abläufe eingeführt. Es wird eine besondere Fortbildung zum Fit-for-Life-Trainer angeboten. Der Trainerin/dem Trainer wird die Evaluation des Fit-for-Life-

Trainings durch einen Abschnitt mit detaillierten Anweisungen und erprobten Fragebögen ermöglicht. Das Training enthält zahlreiche Arbeitsbögen zu allen Modulen, die als kopierfähiges Lehrmaterial verwendet werden können.

Wirksamkeit: Mit Fit for Life wird ein empirisch erprobtes Manual für die Förderung sozialer Kompetenzen von Jugendlichen in der Praxis vorgelegt. 174 Jugendliche von vier Einrichtungen der Berufsvorbereitung nahmen halbjährig an dem Training und an der Evaluation teil. Eine Reihe einschlägiger Verhaltensbereiche wurde mittels Selbst- und Fremdeinschätzung überprüft. Es ergaben sich Verbesserungen bei Aggression, Unsicherheit, Initiativlosigkeit sowie hoch signifikante Zunahmen in den Verhaltensbereichen »sozial kompetentes Verhalten« und »soziale Problemlösekompetenz«. Viele kleinere Evaluationen bestätigten die Ergebnisse.

GO! – Gesundheit und Optimismus. Ein Trainingsprogramm für Jugendliche (Junge et al. 2002)

Allgemeines: Das GO!-Programm ist für den schulischen Einsatz entwickelt worden und wird als universelles und selektives Präventionsprogramm durchgeführt, wobei es von jeweils zwei Personen (Lehrerin/Lehrer, Schulsozialarbeiter/in, Schulpsychologin/Schulpsychologe, etc.) implementiert wird. GO! basiert auf kognitiv-verhaltenstherapeutischen Modellen zur Entstehung von für Jugendliche relevanten Angststörungen (soziale Phobien, spezifische Phobien, Panikstörungen, Agoraphobien) und Depression. Es ist somit ein Programm zur Prävention und Reduktion internalisierender Verhaltensstörungen. Zur Zielgruppe zählen Jugendliche im Alter von 14 bis 18 Jahren.

Trainingsziele: Das übergeordnete Ziel von GO! ist die Prävention von Angststörungen. Im Speziellen fokussiert das Training die Modifikation kognitiver Verzerrungen, den Abbau dysfunktionaler Verhaltensweisen (z.B. Vermeidung belastender Situation), die Vermittlung von Stressbewältigungstechniken sowie die Förderung sozialer Kompetenzen. Eng damit verknüpft sind das Einüben bestimmter Problemlösetechniken sowie die Förderung des Selbstbewusstseins.

Trainingsmethode: Grundlage der Maßnahme ist ein Vier-Komponentenmodell, welches von einer Wechselwirkung kognitiver, emotionaler und physischer Faktoren in Stresssituationen ausgeht. Zu den verschiedenen Inhaltsbereichen Angst, Depression, soziale Kompetenz und Stressbewältigung liegen jeweils sechs Gruppensitzungen vor. Die Dauer der Trainingssitzungen liegt bei 90 Minuten. Empfohlen wird eine Gruppengröße von mindestens acht Teilnehmerinnen und Teilnehmern. Das Programm vermittelt Techniken und Verhaltensübungen, die im alltäglichen Umgang mit Stresssituationen angewendet werden können. Rollenspiele, Übungen zur Körperwahrnehmung und Entspannungstechniken werden mit den Teilnehmerinnen und Teilnehmern durchgeführt. Ein typischer Sitzungsverlauf gestaltet sich wie folgt:

1. Aufwärmen und Quiz zu den Inhalten der letzten Sitzung (max. fünf Minuten);
2. Wiederholung der Inhalte der letzten Sitzung (ca. zehn Minuten);
3. Besprechung der Hausaufgaben (ca. zehn Minuten);
4. Arbeiten am Sitzungsthema; Wissensvermittlung und praktische Übungen dazu (ca. 60–65 Minuten);
5. Vorbereitung der Hausaufgaben und Abschluss (ca. fünf Minuten)

Wirksamkeit: Die Wirksamkeiten der Maßnahme sind sehr umfassend evaluiert worden. In einer Studie mit Kontrollgruppen-Design wurde GO! als universales Präventionsprogramm in 9. und 10. Klassen in Dresdner Schulen implementiert. In dieser Studie mit 702 Jugendlichen bewerteten mehr als 85 % der teilnehmenden Jugendlichen GO! als gut oder sehr gut. Über einen 15-Monats-Follow-Up hinweg zeigte sich ein deutlicher Wissensvorsprung bei Jugendlichen der Interventions- im Vergleich zur Kontrollgruppe. Bezüglich dysfunktionaler Gedanken, Vermeidungsverhalten, sozialer Probleme und sozialer Kompetenz zeigten sich kurz- bis mittelfristig positive Effekte durch die Teilnahme an GO!. Eine weitere Evaluationsstudie wurde mit 100 Schülerinnen und Schülern aus Graz durchgeführt. In dieser Studie zeigten sich im Vergleich zwischen der Interventionsgruppe und einer Kontrollgruppe zum Posttest signifikante positive Effekte auf die Depressions- und Angstsymptomatik.

Lars & Lisa – Trainingsprogramm zur Prävention von Depressionen bei Jugendlichen (Pössel et al. 2004)

Allgemeines: Mit LARS & LISA (Lust an realistischer Sicht & Leichtigkeit im sozialen Alltag) liegt ein weiteres evaluiertes Programm zur universellen Prävention von Depressionen im Jugendalter vor, das über altersgerechte Materialien, Darstellungen und Übungen verfügt, die gut erlernbar und leicht anwendbar sind. Dabei setzt das Programm vor allem an der Bewältigung von Entwicklungsaufgaben in der Adoleszenz (Reorganisation und Neudefinition sozialer Beziehungen, das Einüben sozialer Verhaltensweisen und der sozialen Selbstdarstellung, die Auseinandersetzung mit der eigenen Person, die Entwicklung von Zielperspektiven) an. Zur Zielgruppe gehören Jugendliche im Alter von zwölf bis 16 Jahren.

Trainingsziele: LARS & LISA zielt auf universeller Ebene auf die Prävention von Depressionen bei Jugendlichen ab. Darüber hinaus sollen allgemeine Lebenskompetenzen gefördert werden. Im Vordergrund stehen die Förderung der sozialen Kompetenz, die Wahrnehmung und Regulation eigener Emotionen sowie die Förderung der Selbstsicherheit in sozialen Situationen.

Trainingsmethode: Das Manual beschreibt ein zehn Sitzungen (ca. 90 Minuten) umfassendes Gruppenprogramm, das dem Aufbau funktionaler Kognitionen und der Förderung sozialer Kompetenzen dient. Das Trainingsprogramm besteht aus folgenden Bausteinen:

- Formulierung persönlicher Ziele
- Zusammenhang zwischen Kognitionen, Emotionen und Verhalten
- Exploration und Veränderung dysfunktionaler Kognitionen

- Selbstsicherheitstraining
- Training sozialer Kompetenzen

Zahlreiche Arbeitsmaterialien und ausführliche Hinweise zur Durchführung des Trainings auf einer CD-ROM erleichtern die Umsetzung in die Praxis. Voraussetzung für eine erfolgreiche Durchführung von LARS & LISA ist ein gewisses kognitives Entwicklungsalter, das den Jugendlichen erlaubt, den theoretischen Grundlagen im kognitiven Teil zu folgen und den Bezug zur eigenen Person herzustellen. Als vorteilhaft hat sich die Arbeit in geschlechtshomogenen Gruppen erwiesen. Es liegen positive Erfahrungen mit Gruppengrößen von bis zu 24 Schülerinnen und Schülern vor. Empfohlen wird die Durchführung des Trainings mit Gruppen von ca. 12 bis 16 Jugendlichen. Für die Durchführung wird ein ausreichend großer Raum benötigt, der die Bildung eines Sitzkreises zulässt und über einen Overhead-Projektor und eine Tafel verfügt.

Wirksamkeit: LARS & LISA wurde von zwei unabhängigen Arbeitsgruppen evaluiert. Das Präventionsprogramm zeigt positive Effekte auf die selbstberichtete Depressivität bei Schülern der achten bis neunten Klasse. Differenzielle Analysen zeigten darüber hinaus, dass sowohl Jugendliche mit geringer allgemeiner Selbstwirksamkeitserwartung als auch solche ohne bzw. mit subklinischer Depression profitieren. Weiterhin zeigten sich positive Effekte auf das Selbstwertgefühl und das aggressive Verhalten. Das Programm wird sowohl von Lehrkräften als auch von Schülerinnen und Schülern sehr gut angenommen.

SNAKE – Stressbewältigung im Jugendalter. Ein Trainingsprogramm (Beyer/Lohaus 2006)

Allgemeines: Mit diesem Trainingsprogramm zur Unterstützung bei der Bewältigung von aktuellen Belastungssituationen werden Jugendliche darin geschult, mit zukünftigen Stresssituationen angemessen umzugehen. Das Stressbewältigungsprogramm für Schülerinnen und Schüler der achten und neunten Jahrgangsstufe wird in der Regel im Schulsetting angeboten und lässt sich gut im Schulalltag integrieren. Dabei empfiehlt sich der Einsatz in kleineren Gruppen, da somit eine intensivere Auseinandersetzung mit den aktuellen Problemlagen der einzelnen Jugendlichen möglich ist. Theoretische Grundlage des Programms ist das Stressbewältigungsmodell nach Lazarus.

Trainingsziele: Übergeordnete Trainingsziele von SNAKE sind die Vermittlung einer höheren Problemlösekompetenz sowie ein besserer Umgang mit Stresssituationen.

Trainingsinhalte: Das Programm umfasst acht Doppelstunden und ist für den wöchentlichen Einsatz konzipiert. Kernstück ist im Basismodul die Vermittlung eines Problemlöseansatzes, der eine übergeordnete Form der Stressbewältigung darstellt. Im Kurs werden fünf Problemlöseschritte anhand des Modells der Stressschlange »Snake« erarbeitet, die dem Programm gleichzeitig den Namen gibt. Das Modell der Stressschlange symbolisiert dabei den Weg, den das Problem nimmt, bevor es »verdaut« werden kann. Gelingt es nicht, eine angemessene Lösung zu finden, beginnt der Prozess der Problemverarbeitung von vorn. Das Grundmodul sowie die Aufbaumodule umfassen jeweils vier Doppelstunden, sodass durch die Kombination des Basismoduls mit einem der Zusatzmodule ein Gesamtumfang von acht Sitzungen entsteht. Das Programm enthält sowohl Elemente zur Beeinflussung der primären Situationsbewertung (v. a. kognitive Umstrukturierung) als auch Elemente zur Beeinflussung der sekundären Bewertung der vorhandenen Bewältigungsressourcen (v. a. Erlernen und Einüben von Stressbewältigungsstrategien).

Der Problemlöseansatz wird durch eine von drei optionalen Kurseinheiten zu den Themen »Gedanken und Stress« (kognitive Strategien), »soziale Unterstützung« oder »Entspannung und Zeitmanagement« ergänzt. Die Erweiterungsmodule sind so gestaltet, dass sie – abgesehen von der Vermittlung des Problemlöseansatzes – weitgehend unabhängig voneinander einsetzbar sind. Die Auswahl richtet sich nach dem Bedarf und den Interessen der Teilnehmer.

Wirksamkeit: In einer umfangreichen Evaluationsstudie zeigten sich bei den Jugendlichen Wissensverbesserungen zum Themenbereich »Stress« sowie Veränderungen in der Bewertung von stresserzeugenden Situationen. Außerdem wurde bei den Trainingsteilnehmern eine signifikante Reduktion wahrgenommener Probleme gezeigt. Auch im Bewältigungsverhalten der Jugendlichen konnten Verbesserungen nachgewiesen werden. Die Ergebnisse weisen auch auf eine hohe Akzeptanz des Programms durch die Jugendlichen hin.

fairplayer.manual. Förderung von sozialen Kompetenzen und Zivilcourage – Prävention von Bullying und Schulgewalt (Scheithauer/Bull 2008)

Allgemeines: Das Programm »fairplayer« wurde zur Prävention von Bullying und Schulgewalt sowie zur Förderung sozialer Kompetenzen und Zivilcourage entwickelt. Ausgangspunkt der Entwicklung des Programmes war die Gründung des Bremer Vereins »fairplayer e. V.« (2004), der Kinder und Jugendliche dazu ermutigen will, sich einzumischen, Schwächere zu stärken und Gewalt zu ächten. »fairplayer« eignet sich besonders für 11- bis 15-Jährige und kann sowohl in Jugendgruppen als auch unterrichtsbegleitend eingesetzt werden.

Trainingsziele: Zivilcouragiertes und prosoziales Handeln sollen gefördert, soziale Kompetenzen gestärkt und persönliche Verantwortungsübernahme unterstützt werden. Die Jugendlichen lernen, sich in andere Rollen hineinzuversetzen, etwa in die des Täters oder in die des Opfers, und auch, wie sie in einer Bullying-Situation einschreiten können, ohne sich selbst zu gefährden.

Trainingsmethode: »fairplayer« versteht sich als entwicklungsorientierte Prävention, die altersentsprechende Materialien und Methoden verwendet. Hauptzielgruppe sind junge Menschen im Alter von elf bis 21 Jahren in Schulklassen oder Jugendgruppen, wobei der Schwerpunkt auf der Altersstufe der elf- bis 15-Jährigen liegt. Über Musik, Mode und Medien werden Jugendliche in ihrer Sprache angesprochen und dazu bewegt, sich mit dem Thema »Fairplay«

kreativ auseinanderzusetzen. Hauptsächlich wird im »fairplayer«-Programm mit strukturierten Rollenspielen, sozialer Verstärkung und Verhaltensrückmeldung (kognitiv-behaviorale Methoden), Bearbeitung der sozialen Rollen und moralischen Dilemma-Diskussionen gearbeitet. Die Maßnahme ist in elf Schritte mit 15 bis 17 Sitzungen gegliedert und wird im Unterricht durch die Lehrkräfte selbst umgesetzt. An zwei Terminen empfiehlt sich jedoch die Begleitung durch einen geschulten »fairplayer.teamer«. Die Qualifikation für die Durchführung des Programms erhalten die Lehrkräfte bei einer zwei- bis dreitägigen Fortbildung, die vom »fairplayer e. V.« auf Anfrage angeboten wird. Mittlerweile liegt mit »fairplayer.sport« eine konzeptuelle Weiterentwicklung für den Sportunterricht vor (Hess/Scheithauer 2010).

Wirksamkeit: Die zweite Teilevaluation der Maßnahme war in einem Prä-Post-Design mit drei Messzeitpunkten und mehreren Interventions- und Kontrollgruppen mit Follow-Up-Messung nach einem Jahr angelegt. Durchgeführt wurde die Studie (Beginn 2006) an einer Berliner Gesamtschule. Im Juni 2007 fand die Follow-Up-Messung statt. Es standen sechs Klassen (N = 85) der neunten Klassenstufe als Interventionsgruppe und drei Klassen (N = 41) als Kontrollgruppe zur Verfügung. Die Altersspanne der Stichprobe betrug 14–18 Jahre (65 Mädchen und 61 Jungen). An Ergebnissen werden eine signifikante Reduktion selbstberichteter Viktimisierung durch Bullying sowie von Bullying selbst in den Interventionsgruppen berichtet.

Positive Peer Culture – Kinder stärken Kinder (Opp/Unger 2006)

Allgemeines: Das Konzept der Positive Peer Culture (PPC) wird den Erkenntnissen der Entwicklungspsychologie gerecht und legt die Annahme zugrunde, dass die Bezugsgruppe bzw. Gleichaltrige eine entscheidende Ressource zur Entwicklung von positiven sozialen Kompetenzen darstellen. Es handelt sich um einen universellen und selektiven Präventionsansatz, der vor allem bei Jugendlichen von 11 bis 14 Jahren angewendet werden kann. Tendenziell ist dies jedoch nur ein Richtwert, die Maßnahme eignet sich auch für andere Altersgruppen. Im Kern sieht das Programm Gespräche in der Gleichaltrigengruppe zur Bewältigung aktueller Problemlagen der Beteiligten vor. Die Peers können sich in diesem Zusammenhang besser gegenseitig unterstützen als es Erwachsene oft können.

Trainingsziele: Das Stärken der Akzeptanz der Peers untereinander sowie das Steigern von Solidarität und Mitgefühl stehen im Fokus der Maßnahme. Des Weiteren soll Wissen über unterschiedliche Lebenswelten der Peers gesteigert und damit eine bessere Integrationsfähigkeit in soziale Gruppen gefördert werden.

Trainingsmethode: PPC legt den Schwerpunkt auf ein Peer-Mediations-Konzept, d. h. es kommt zu regelmäßigen Treffen der Jugendlichen, bei denen man sich austauscht und aktuelle Problemlagen bespricht. Empfohlen werden wöchentliche Treffen von ca. 45–90 Minuten mit mindestens sechs bis acht Teilnehmern. Wichtig dabei ist, dass jeder Teilnehmer der Gruppe als wichtig und unverzichtbar wahrgenommen wird. Die Rollen des Hilfe- bzw. Ratsuchenden und Helfer bzw. Ratgeber wechseln ständig, sodass eine fürsorgliche Beziehung zwischen den Peers entsteht – die Peers sind die Experten! Der Gruppenleiter gibt der Peergruppe Hilfestellung, versucht aber, sich im Hintergrund zu halten. Die Einheiten laufen ritualisiert nach folgender Struktur ab:

- Begrüßungsritual
- evtl. Imbissphase
- jeder Teilnehmer hat die Möglichkeit, ein Thema einzubringen
- die Gruppe wählt ein dringliches Thema aus
- der Teilnehmer schildert sein Problem
- die Peers schildern ähnliche Situationen, geben Rat etc.
- am Ende wird das Gespräch zusammengefasst
- der Rat suchende Peer erzählt, wie er das Gespräch empfand
- Abschiedsritual

Während der Sitzungen gelten für alle Teilnehmer festgelegte Regeln (z. B. »Genieße das Zuhören und erfahre, wie es dich bereichert!«).

Wirksamkeit: Die Evaluationsergebnisse berichten von einer Steigerung der Problemlösekompetenz bei den Teilnehmern. Außerdem konnte eine Steigerung des Selbstwertgefühls und eine Zunahme der Sozialkompetenzen festgestellt werden. Auch die kommunikativen Kompetenzen der Teilnehmer konnten verbessert werden.

Medienhelden – Unterrichtsmanual zur Förderung von Medienkompetenz und Prävention von Cybermobbing (Schultze-Krumbholz et al. 2012)

Allgemeines: Mit dem Medienhelden-Programm liegt eine Präventionsmaßnahme vor, die dem zunehmenden Einfluss neuer Medien auf die Lebenswelten Jugendlicher gerecht wird und diesen Aspekt in die Förderung miteinbezieht, indem der Umgang mit Medien geschult wird. Das Programm zielt auf Schülerinnen und Schüler der Sekundarstufe I (7. – 10. Klasse) und ist im universellen Setting anwendbar.

Trainingsziele: Das Programm verfolgt zwei übergeordnete Ziele: die Prävention von Cybermobbing und die Förderung der Medien- bzw. Internetkompetenz. Darüber hinaus werden weitere Teilziele verfolgt, wie z. B. die Förderung des Problembewusstseins, Empathieförderung und die Schaffung eines positiven Lern- und Klassenklimas.

Trainingsmethode: Das Programmmanual empfiehlt die Durchführung eines Curriculum sowie einen anschließenden Projekttag. Die Inhalte gliedern sich in acht Module, die in 15 Einheiten zu je 60 Minuten durchgeführt werden. Am Projekttag sind vier Medienhelden-Sessions zu je 90 Minuten vorgesehen. Inhaltlich wird spezifisches Wissen zum Thema ›Cybermobbing‹ vermittelt, damit verbundene Gefühle und Perspektiven werden betrachtet. Durch Rollenspiele werden mögliche Handlungsmöglichkeiten erprobt. Eine weitere zentrale Methode des Trainings ist ein Peer-to-Peer-Tutoring. Damit sollen sich die Jugendlichen gegenseitig Hinweise zum Schutz im Internet geben. Die einzelnen Sitzungen folgen einer klaren und wiederkehrenden Struktur.

Wirksamkeit: Die Wirksamkeit des Programms wurde gründlich untersucht. In der Hauptevaluationsstudie mit insgesamt 897 Schülerinnen und Schüler zeigte die Versuchsgruppe nach dem Training signifikant weniger Cyberbullying-Verhalten und mehr soziale Kompetenzen als die Kontrollgruppe. Außerdem konnte die Versuchsgruppe eine verbesserte Perspektivübernahme aufweisen.

Unter der Lupe: Konsequente transitorische Förderung – ein Beispiel anhand der sozial-kognitiven Informationsverarbeitung

Konflikte und Probleme stellen Kinder und Jugendliche vor alltägliche Herausforderungen. Nicht selten führt ein Gefühl der Überforderung in diesen Situationen zu auffälligem Verhalten. Langfristig kann ein regelmäßiges Scheitern in Problem- und Konfliktsituationen zu einem Mangel an sozial-emotionalen Kompetenzen und damit möglicherweise auch zu einer Manifestierung von Verhaltensstörungen führen, wie in Kapitel 1.3 im Detail beschrieben.

Vor diesem Hintergrund stellt die Fähigkeit, Konflikte und Probleme zu lösen, eine zu erlangende Kernkompetenz des Kindes- und Jugendalters dar. Die bereits beschriebene sozial-kognitive Informationsverarbeitung (SKI) bietet dabei einen konkreten Ansatzpunkt, einerseits jene Kompetenzbereiche und deren wechselseitige Beziehungen transparent zu machen und andererseits aufbauend durch gezieltes Training eine angemessene Problemlösefertigkeit von Kindern und Jugendlichen zu fördern. Angemessene sozial-kognitive Informationsverarbeitung soll in diesem Kontext als eine sinnvolle Anwendung des Problemlösekreislaufs auf alltägliche Probleme und als Emotionsregulationsstrategie verstanden werden. Mit Blick auf eine langfristig angelegte Förderung, die als Prädiktor erfolgreicher schulischer Prävention gilt (Durlak/DuPre 2008), ist das systematische und kompetenzerweiternde Training der SKI von der Vorschule bis zur weiterführenden Schule sinnvoll. Abbildung 7 zeigt die konsequente transitorische Förderung der sozial-kognitiven Informationsverarbeitung anhand von Problemlöseformeln aus verschiedenen manualisierten Präventionsprogrammen von der Vorschule bis in die Sekundarstufe I.

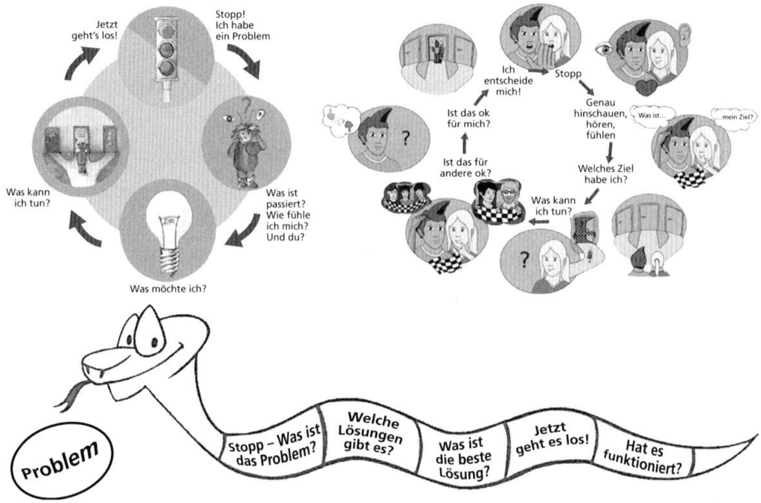

Abb. 7: Förderung der Problemlösekompetenz von der Vorschule bis zur Sekundarstufe I (aus den Programmen Lubo, Ben & Lee, Snake)

4.4 Elterntrainings

Beelmann und Raabe (2007, S. 181) nennen eine Reihe von Studien, in denen nachgewiesen wurde, dass die Effektivität einer direkten Förderung von Kindern und Jugendlichen durch ein begleitendes Elterntraining gesteigert werden kann. Aus diesem Grund konzentrieren sich die folgenden Ausführungen auf vorliegende Konzepte zur

Verbesserung der elterlichen Erziehungskompetenz. Mit dem Kompetenztraining für Eltern sozial auffälliger Kinder (KES) (Lauth/Heubeck 2006) und dem weit verbreiteten Programm »Triple P« (Sanders 1999) werden exemplarisch zwei evaluierte Ansätze vorgestellt, die mit Maßnahmen zur Förderung sozial-emotionaler Kompetenzen bei Kindern und Jugendlichen kombiniert werden können.

Kompetenztraining für Eltern sozial auffälliger Kinder (KES) (Lauth/Heubeck 2006)

Allgemeines. Zielgruppe dieses Trainings sind Eltern von Kindern mit hyperkinetischen Störungen, oppositionellem Trotzverhalten oder einer Störung des Sozialverhaltens im Alter von fünf bis elf Jahren. Insgesamt besteht das Training aus sieben Sitzungen, die jeweils drei Stunden dauern. Im Training kommen kognitiv-verhaltenstherapeutische Methoden zum Einsatz. Darüber hinaus wurden lösungsorientierte Konzepte bei der Programmentwicklung berücksichtigt. Da es für Eltern von bereits auffälligen Kindern gedacht ist, handelt es sich um eine selektive Präventionsmaßnahme.

Trainingsziele. Das Training fokussiert eine Verbesserung der Passung zwischen Eltern und Kind. Durch die Bearbeitung konkreter Alltagssituationen wird die Erziehungskompetenz der Eltern gestärkt. Ziel ist die Senkung des familiären Stressniveaus durch eine Veränderung der familiären Strukturen (Döpfner/Kinnen 2009, S. 28).

Trainingsmethode. Die Maßnahme wird mit einer Gruppe von vier bis zehn Müttern und Vätern durchgeführt. Die Autoren empfehlen die Arbeit mit einer gemischten Teilnehmergruppe. Die insgesamt sieben Sitzungen des Trainings ergeben sich aus sechs wöchentlichen Sitzungen und einer Auffrischungssitzung, die vier bis sechs Wochen später durchgeführt wird. Alle Sitzungen folgen der gleichen Struktur. Ablauf der Sitzungen:

1. Tagesordnung – Ablauf der Sitzung wird vorgestellt
2. Letzte Wochenaufgabe – Auswertung der Wochenaufgabe

3. Inhaltsspezifischer Baustein – Erarbeitung einer neuen Intervention, Durchführung von Übungen
4. »Eigene Stärken finden« – Fokus auf unproblematische Anteile und Kompetenzen
5. Neue Wochenaufgabe – Erarbeitung einer Wochenaufgabe zum neu erarbeiteten Baustein (Döpfner/Kinnen 2009, S. 28)

Zu Beginn des Trainings werden die Rahmenbedingungen definiert. Im Anschluss erfolgt die Problem- und Zieldefinition. In der zweiten Sitzung wird die »Positive Spielzeit« eingeführt. Die Eltern erhalten den Auftrag, täglich 30 Minuten mit ihrem Kind zu spielen. Diese Maßnahme verfolgt das Ziel, die Beziehung zwischen Eltern und Kind zu verbessern. Weitere inhaltliche Schwerpunktsetzungen sind die Auseinandersetzung mit den eigenen Gedanken und Gefühlen in schwierigen Situationen mit dem Kind sowie kognitive Strategien zur Regulation eigener Emotionen. Zudem werden mit den Eltern konkrete Handlungsabläufe für häufig auftretende belastende Situationen erarbeitet. Die Einübung der entwickelten Vorgehensweise wird in Rollenspielen geübt. Zudem wird mit den Eltern überlegt, wie sie ihr Kind in solchen Situationen unterstützen können. Ergänzend wird der wirkungsvolle Einsatz von Konsequenzen mit den Eltern thematisiert (positive Verstärkung, Erarbeitung eines Punkteplans, angemessene negative Konsequenzen). In der letzten wöchentlichen Sitzung (Sitzung 6) wird das Formulieren bzw. der Einsatz effektiver Aufforderungen thematisiert (z. B. angemessene Grenzsetzungen). Die Auffrischungssitzung nach vier bis sechs Wochen dient der Wiederholung der Inhalte des Trainings sowie der Identifikation von weiterem Handlungsbedarf. Außerdem geht es in dieser Sitzung um die Entlastung der Eltern durch ihr soziales Umfeld. Hierzu wird mit jedem Teilnehmer ein persönlicher Hilfeplan entwickelt.

Wirksamkeit. Die Wirkung des Trainings wurde in mehreren Studien evaluiert. Nach Einschätzung der Trainer handelt es sich um eine alltagstaugliche und praktikable Maßnahme (Lauth/Heubeck 2006). Konrad (2002) konnte eine Verbesserung der Erziehungskompetenzen bei Müttern von Kindern mit ADHS nachweisen, die mit einem Rückgang der wahrgenommenen Belastung einherging. Allerdings wurde in dieser Studie eine frühere Version des KES eingesetzt. Lauth und Heubeck (2006) verweisen im Trainingsmanual auf eine weitere Untersuchung mit vergleichbaren Ergebnissen hinsichtlich der mütterlichen Belastung. Hierzu wurden unter Praxisbedingungen Daten in verschiedenen Erziehungsberatungsstellen erhoben. Ein Rückgang der ADHS-Symptomatik konnte allerdings nicht ermittelt werden. Eine weitere Studie belegt die Überlegenheit dieses Trainings im Vergleich mit einem Training ohne Verhaltensübungen und einer non-direktiven Alternativbehandlung (Lauth et al. 2007). Befragt wurden insgesamt 62 Eltern verhaltensauffälliger Kinder. Innerhalb der KES-Gruppe gingen die Verhaltensauffälligkeiten des Kindes mit einem mittleren bis großen Effekt zurück ($d = 0.70–0.88$; zwölf Wochen nach der sechsten Sitzung des Trainings). Im Hinblick auf familiäre Ressourcen und Belastungen erreicht die Maßnahme kleine bis mittlere Effekte ($d = 0.35–0.51$) (Heinrichs/Nowak 2009, S. 298).

Positive Parenting Program – Triple P (Sanders 1999)

Allgemeines. Die Programme Triple P (Sanders 1999), das Gordon Elterntraining (Gordon 1989) sowie STEP (Dinkmeyer/McKay 2007) gelten als die am besten evaluierten und wirksamsten Elterntrainings, wobei Triple P im Vergleich zu den beiden anderen Konzepten in mehreren Bereichen einen positiven Einfluss nimmt (Heinrichs/Nowak 2009, S. 303). Triple P wird zur universellen Prävention von Erziehungsproblemen und kindlichen Verhaltensauffälligkeiten eingesetzt. Zudem ist der Einsatz im psychotherapeutischen Bereich möglich. Die Zielgruppe sind Eltern von Kindern und Jugendlichen im Alter von 0–16 Jahren. Das Training wird in Einzelsituationen oder mit Gruppen von fünf bis zwölf Personen durchgeführt.

Vergleichbar mit dem Kompetenztraining für Eltern sozial auffälliger Kinder (KES) (Lauth/Heubeck 2006), handelt es sich um ein verhaltensorientiertes Training. Ursprünglich stammt das Konzept aus Australien. Die Inhalte orientieren sich an sozialen Lern- und Informationsverarbeitungsmodellen, zudem wurden Befunde aus Studien zur kindlichen Verhaltenstherapie und -analyse sowie Befunde zur Wirkungsweise von Risiko- und Schutzfaktoren aus der Entwicklungspsychologie und Psychopathologie berücksichtigt (Heinrichs/Nowak 2009, S. 302).

Die Dauer des Trainings variiert und kann flexibel angepasst werden. Die Untergrenze sind vier Sitzungen, die jeweils 15–30 Minuten in Anspruch nehmen. Ist eine intensivere Betreuung erforderlich, kann das Training über einen Zeitraum von mehreren Monaten durchgeführt werden. Vorgesehen sind dann wöchentliche Sitzungen mit einer Dauer von jeweils 60–90 Minuten.

Trainingsziele. Ziel des Trainings ist der Aufbau einer positiven Beziehung zum Kind, verbunden mit der Umstrukturierung des familiären Umfelds durch das Schaffen einer sicheren Lernumgebung, das Formulieren und Einführen von Regeln im häuslichen Umfeld sowie die Auseinandersetzung mit angemessenen Konsequenzen. Zudem wird mit den Eltern an ihrer Psychohygiene gearbeitet.

Trainingsmethode. Das Training enthält Kurzvorträge zur sozialkognitiven Lerntheorie sowie Verhaltensübungen und Interaktionsbeispiele auf einer DVD.

Das Programm besteht aus fünf Ebenen, die als Levels bezeichnet werden. Die Auswahl der Stufe orientiert sich am Belastungsgrad der Familie und den jeweiligen Umständen. Außerdem existieren verschiedene Versionen des Trainings, die für bestimmte Zielgruppen angepasst wurden (z. B. für Eltern geistig behinderter Kinder). Demnach handelt es sich um Bausteine, die flexibel eingesetzt werden können.

Das Konzept sieht verschiedene Interventionsformen vor. Bei einem geringen Unterstützungsbedarf erhalten die Eltern eine individuelle Kurzberatung in vier wöchentlichen Sitzungen. Falls eine intensivere Betreuung erforderlich ist, nehmen die Erziehungsberechtigten an einem individuellen Training oder Gruppentraining teil. Das individuelle Training wird über einen Zeitraum von mehreren Monaten durchgeführt. Die wöchentlichen Sitzungen dauern jeweils 60–90 Minuten (Einzel- oder Familiensitzungen). Das Gruppentraining besteht aus vier Sitzungen. Die fünf bis zwölf Eltern(-paare) einer Gruppe treffen sich zwei Stunden pro Woche. In den darauffolgenden Wochen führen die Teilnehmer insgesamt vier 20-minütige Telefongespräche mit dem Trainer.

Der Aufbau der einzelnen Sitzungen ähnelt sehr stark dem KES-Training (Lauth/Heubeck 2006). Ausgehend von einem Überblick über die Sitzung werden die Hausaufgaben aus der vorangegangenen Sitzung besprochen. Es folgt eine Arbeitsphase, in der konkrete Handlungsstrategien vermittelt und deren Einsatz eingeübt wird. In dieser Phase kommen auch Videos zum Einsatz. Abschließend entscheiden sich die Eltern für eine neue Hausaufgabe, bei der es sich um die Auswahl erfolgversprechender Strategien zum Erreichen der gesteckten Ziele handelt. Der Einsatz wird bis zur nächsten Sitzung erprobt.

Darüber hinaus enthält das Training »Kleine Helfer«, die auf jeder Ebene eingesetzt werden können. Es handelt sich um zwei- bis vierseitige Informationen zu verschiedenen Themen. Darin werden zentrale Erziehungsthemen in verschiedenen Altersstufen behandelt. Pro Altersstufe gibt es zehn bis zwölf solcher Skripte, z. T. mit zusätzlichen Videos.

Das Training liegt in manualisierter Form inklusive DVDs vor. Zusätzlich gibt es Übungsbücher für die Eltern sowie ein umfangreiches Online-Angebot.

Angeboten werden darf das Programm ausschließlich von lizenzierten Trainern. Weitere Informationen und Kontaktmöglichkeiten können auf der folgenden Webseite eingesehen werden: www.¬triplep.de.

Wirksamkeit. Triple P gilt als das am umfassendsten evaluierte Elternprogramm. Unter anderem bedingt durch die große Verbreitung liegt eine Vielzahl von Wirksamkeitsstudien vor. Nowak und Heinrichs (2008) analysierten die Befunde aus 55 Einzelstudien in einer Meta-Analyse und berichten durchweg positive Effekte der Maßnahme, unabhängig vom Trainingsformat. Aus einer intensiveren Betreuung der Eltern resultiert eine größere Wirkung des Trainings, zudem scheint das Alter der Kinder eine Rolle zu spielen. Bei jüngeren Kindern (unter 5½ Jahren) zeigten sich größere Effekte. Das generelle Wohlbefinden der Eltern verbesserte sich ebenfalls.

Die Evaluationsergebnisse stimmen zuversichtlich, jedoch handelt es sich um ein Training, das nicht frei zugänglich ist und ausschließlich von autorisierten Trainern durchgeführt werden darf. Bei sozial auffälligen Kindern im Alter von 5–11 Jahren kann alternativ das zuvor vorgestellte KES-Training (Lauth/Heubeck 2006) genutzt werden. Zwischen beiden Konzepten existieren deutliche Parallelen hinsichtlich Inhalt, Struktur und Vorgehensweise. Zudem handelt es sich um ein frei zugängliches Trainingsmanual. Mehrere Evaluationsstudien liegen ebenfalls vor.

4.5 Lehrerorientierte Maßnahmen

In Ergänzung zu den dargestellten Elterntrainings können sich Lehrertrainings ebenfalls unterstützend auswirken. Sowohl das Konstanzer Trainingsmodell (Tennstädt et al. 1995) als auch die verschiedenen Versionen des Münchner Lehrertrainings (Havers 1998; Havers 2006) oder das Problemorientierte Lehrertraining (Mutzeck 1983) zielen darauf ab, mit Disziplinproblemen im Unterricht adäquat und selbstsicherer umzugehen. Die Konzepte sind im Bereich der Aus- und Weiterbildung von Lehrkräften angesiedelt.

Konstanzer Trainingsmodell – KTM (Tennstädt et al. 1995)

Allgemeines. Das Konstanzer Trainingsmodell gehört zu den bekanntesten Lehrertrainings im deutschen Sprachraum. Es wurde in den 80er Jahren an der Universität Konstanz entwickelt und hat sich bereits seit Längerem bewährt. Im Kern werden Gesprächsführungstechniken zur Konfliktlösung sowie Handlungsstrategien zum Abbau von unangemessenen Verhaltensweisen vermittelt, die dann im eigenen Unterricht erprobt werden. Ein Tandempartner beobachtet die Umsetzung. In einem anschließenden Reflexionsgespräch werden die Konfliktlösungsstrategien hinsichtlich Angemessenheit und Wirkung ausgewertet und gegebenenfalls Alternativen entwickelt.

Seit 2001 liegt eine Kurzfassung des Trainings vor (KTM kompakt; Humpert/Dann 2001). Es handelt sich um ein Basistraining zum Abbau von Störungen und Vermeidung von Gewalt. Methodisch folgt das KTM kompakt den Prinzipien des ursprünglichen Trainings.

Trainingsziele. Das Training wird zur Verbesserung der Selbst- und Sozialkompetenz von Lehrkräften im Umgang mit aggressivem Verhalten und Unterrichtsstörungen eingesetzt. Es nimmt gezielt die Kompetenzen der Lehrkräfte in den Blick, da davon ausgegangen wird, dass der professionelle Umgang mit Störungen im Unterricht die Grundlage für eine erfolgreiche Prävention bildet (Melzer et al. 2011, S. 275). Befunde aus der Unterrichtsforschung stützen diese Annahme und konnten die pädagogische Expertise von Lehrkräften, insbesondere im Bereich der Klassenführung, als wesentlichen Prädiktor für die Unterrichtsqualität nachweisen (z. B. Helmke 2005, S. 42) Hierzu gehört u. a. der professionelle Umgang mit Störungen.

Im Kern geht es um die Erweiterung des Handlungsrepertoires zum Umgang mit Störungen und aggressiven Verhaltensweisen im Unterricht sowie den Aufbau kooperativer Umgangsformen und eines lernförderlichen Klassenklimas zur Verbesserung des Wohlbefindens von Schülern und Lehrern (Melzer et al. 2011, S. 275).

Trainingsmethode. Das Training wird in der Regel mit einem Tandempartner durchgeführt. Nach den Prinzipien des peergestützten Lernens unterstützen sich die beiden Lehrkräfte gegenseitig. Sie hospitieren im Unterricht des Tandempartners und dokumentieren die Entstehung von und den Umgang mit problematischen Situationen. In einem anschließenden Reflexionsgespräch werden die

Vorfälle besprochen, ausgewertet und es wird nach alternativen Lösungswegen gesucht. Im weiteren Verlauf erfolgt die Umsetzung der Ergebnisse des Gesprächs im Unterricht, verbunden mit einer erneuten Hospitation des Tandempartners, der anschließend eine Rückmeldung gibt. An verschiedenen Stellen ermöglicht das Training den Einbezug von Schülern. Die differenzierte Rückmeldung einer weiteren Lehrkraft zum eigenen Unterricht bzw. zum Umgang mit Störungen und die gemeinsame Entwicklung von Handlungsalternativen unterstützt die pädagogische Professionalität sowie die Erweiterung des Handlungsrepertoires. Eingefahrene Handlungsmuster können dadurch aufgebrochen werden und Routinen werden kritisch reflektiert. Die Problemlösung nach dem Konstanzer Trainingsmodell erfolgt in vier Schritten:

Phase 1 – Situationsauffassung
Wahrnehmung und Interpretation des störenden/auffälligen Verhaltens durch die Lehrkraft.
Handelt es sich um einen Konflikt zwischen zwei Schülern, geht es zunächst um die Entspannung und Beruhigung der Situation ohne Schuldzuschreibung und Ursachenklärung.

Phase 2 – Handlungsauffassung
Entscheidung der Lehrkraft für eine geeignete Reaktion oder Maßnahme.
Bisherige Erfahrungen und erfolgreiche Lösungsmöglichkeiten werden erinnert, Vor- und Nachteile abgewägt und eine angemessene Entscheidung getroffen. Dabei helfen der Lehrkraft die im Training vermittelten Gesprächsführungstechniken zur Konfliktklärung sowie die erworbenen Handlungsstrategien zum Abbau von unangemessenen Verhaltensweisen (z. B. Verstärkerentzug, Vermeidung von Auslösern, Aufbau erwünschten/kooperativen Verhaltens durch systematische Einübung) (Melzer et al. 2011, S. 276 f.).

Phase 3 – Handlungsausführung
Umsetzung der Reaktion/Maßnahme

Phase 4 – Handlungsergebnisauffassung
Bewertung des Erfolgs der Reaktion/Maßnahme: Wurde das Ziel erreicht?
Der Umgang der Lehrkraft mit der Situation wird bereits während der Umsetzung hinsichtlich Angemessenheit und Wirkung überprüft. Zudem achtet die Lehrkraft darauf, wie sich das Verhältnis der beiden in den Blick genommenen Schüler bzw. das Verhältnis zwischen ihr und den Schülern langfristig entwickelt.

Insgesamt besteht das Training aus zehn Elementen, die den vier genannten Phasen zugeordnet sind. Zwei Kollegen bearbeiten die Trainingsmaterialien zunächst gemeinsam. Im Anschluss werden die erlernten Handlungsstrategien im Unterricht erprobt, während der Tandempartner hospitiert.

Wirksamkeit. Nach Dann und Humpert (2008) fühlen sich die Lehrkräfte durch das Training kompetenter im Umgang mit unangemessenen Verhaltensweisen, was sich positiv auf das Selbstvertrauen auswirkt. Auch die Schüler profitieren von der Maßnahme. Unterrichtsstörungen und aggressive Verhaltensweisen gehen zurück. Darüber hinaus konnte eine Steigerung der Lernmotivation und Anstrengungsbereitschaft nachgewiesen werden sowie eine Verbesserung des Klimas in der Klasse und im Kollegium.

Münchner Lehrertraining (Havers 1998; Havers 2006)

Allgemeines. Eine Alternative zum beschriebenen Training ist das Münchner Lehrertraining. Die Maßnahme zielt darauf ab, Studierende und angehende Lehramtsanwärter auf die Unterrichtspraxis vorzubereiten.

Es handelt sich um eine Weiterentwicklung des Münchner Trainingsmodells (Speck et al. 1978; Innerhofer 1977). Allgemeine Erkenntnisse der Lehr- und Lernforschung sowie neuere Befunde aus Studien zur professionellen Ausbildung von Lehramtsstudierenden wurden im Rahmen der Programmentwicklung berücksichtigt (Toepell 2010, S. 217).

Trainingsziele. Zentrale Ziele sind die Förderung sozialer Kompetenzen sowie ein selbstbewusstes Auftreten angehender Lehrkräfte.

Trainingsmethode. Das Training besteht aus fünf Lerneinheiten mit den folgenden inhaltlichen Schwerpunktsetzungen: Umgang mit Disziplin- und Aufmerksamkeitsproblemen im Unterricht, Disziplinierungsmaßnahmen, Einführung von Regeln und Strukturierung des Unterrichtsablaufs, Überblick und Aufmerksamkeitsverteilung, Konfliktgespräche mit Schülern und Eltern. Darüber hinaus existiert eine modifizierte Form des Trainings für Referendare. In dieser Version werden vor allem Klassenführungskompetenzen trainiert sowie das selbstsichere Auftreten und das Durchsetzen berechtigter Forderungen bei potentiellen Problemen. Die langfristige Lösung von sich wiederholenden Disziplinproblemen durch Gespräche mit Schülern und Eltern findet außerdem Berücksichtigung.

Hauptsächlich wird mit Rollenspielen und Videofeedback gearbeitet. Im fünftägigen Trainingsseminar werden problematische Unterrichtssituationen dargestellt, die auf Video aufgezeichnet und anschließend detailliert nachbesprochen und ausgewertet werden. Die Teilnehmer nehmen sowohl die Rolle der Lehrkraft als auch die der Schülerinnen und Schüler ein. Das Training kann über die Ludwig-Maximilians-Universität München bezogen werden (http://www.muenchner-lehrertraining.de/). Es besteht aus einer DVD mit Begleitheft, die eine ausführliche Dokumentation über die methodische Vorgehensweise beim Lehrertraining enthält.

Wirksamkeit. In einer aktuellen Publikation (Havers 2013) beurteilten Studierende, die am Münchner Lehrertraining teilgenommen haben, dass es sich um eine lohnenswerte Veranstaltung handelt. Die Auswertung von 19 Seminaren ergibt eine Durchschnittsnote von 1,1. Im Vergleich zu konventionellen Lehrveranstaltungen wird der Lernzuwachs als besonders hoch eingeschätzt. In dieser Beurteilungsdimension ergaben sich die größten Unterschiede.

Die Grundlage des von Mutzeck (1983) entwickelten Problemorientierten Lehrertrainings bildet ebenfalls das Münchner Trainingsmodell (Innerhofer 1977). Auch dieses Konzept zeichnet sich durch den Einsatz von Rollenspielen und Videofeedback aus.

Einen ausführlichen und differenzierten Überblick über diese und weitere Lehrertrainings im deutschen Sprachraum gibt Toepell (2010) in ihrer Dissertation mit dem gleichnamigen Titel.

Vertiefende Literaturempfehlungen

Zu einem vertiefenden Überblick über verschiedene Präventionsmaßnahmen sei an dieser Stelle auf die folgenden Quellen hingewiesen:

Fingerle, M./Grumm, M. (Hrsg.) (2012). Prävention von Verhaltensauffälligkeiten bei Kindern und Jugendlichen. Programme auf dem Prüfstand. München: Reinhardt.

Lohaus, A./Domsch, H. (Hrsg.) (2009). Psychologische Förder- und Interventionsprogramme für das Kindes- und Jugendalter. Heidelberg: Springer Verlag.

www.gruene-liste-praevention.de: Die Datenbank »Grüne Liste Prävention« bietet auf der Basis nachvollziehbarer Kriterien einen Überblick über empfehlenswerte Präventionsansätze.

5

Zum Abschluss: ein Plädoyer für eine präventive Schule als Basis einer inklusiven Schule[3]

Nachdem ein systematischer multimodaler Überblick über wirksame Präventionsmaßnahmen für das Kindes- und Jugendalter, für Lehrkräfte und Eltern auf den verschiedenen Präventionsebenen gegeben wurde und auf die zentrale Bedeutung einer engen und tragfähigen Vernetzung der Hilfen der Erziehung für das Schulsystem im Sinne einer präventiven Schule hingewiesen wurde, werden in

---

3 Teile dieses Abschnitts wurden bereits in Hennemann et al. 2014 veröffentlicht

diesem abschließenden Kapitel schulkonzeptionelle und schulpolitische Bausteine präventiven Handelns in einem inklusiven Bildungssystem aufgezeigt, die unseres Erachtens zwingend Berücksichtigung finden sollten, wenn ein präventives Vorgehen auch erfolgreich sein soll.

Das Auftreten von Gefühls- und Verhaltensstörungen sowie Lernstörungen in vorschulischen sowie schulischen Kontexten und die daraus resultierenden Probleme unterstreichen die Notwendigkeit eines frühzeitigen und konsequenten Einsatzes präventiver Maßnahmen in der Kita und insbesondere in der Schule. In dem vorliegenden Buch wurden verschiedene pädagogische Handlungsstränge zur präventiven Förderung theoretisch und empirisch näher beleuchtet. Insgesamt wird dabei deutlich, wie komplex die Antworten auf (sonder-)pädagogische Fragestellungen im professionellen Umgang mit Gefühls- und Verhaltensstörungen sein müssen, insbesondere auch vor dem Hintergrund eines zukünftigen inklusiven Bildungssystems.

Beeinträchtigungen im Bereich der Gefühls- und Verhaltensstörungen stellen eine der größten Sorgen von Lehrkräften bei der konkreten Umsetzung inklusiver Bemühungen dar (Lindsay 2007). Gleichzeitig zeigen Studien, dass sonderpädagogische Lehrkräfte wie auch Lehrkräfte der allgemeinen Schule häufig nicht die wirksamen Verfahren für eine erfolgreiche Unterrichtung und Förderung dieser Kinder kennen oder identifizieren können (Borchert/Runow 2003; Grünke/Hintz 2008). In diesem Kontext haben Grumm et al. (2013) empirisch die Verbreitung von Programmen zur Förderung der emotionalen und sozialen Kompetenzen in hessischen Grundschulen erhoben. Hier zeigt sich, dass nur rund 64 % der Lehrkräfte entsprechende Programme nutzen. Unter den genutzten Programmen findet sich nur eins, dass als evidenzbasiert angesehen werden kann. Dieses Programm hat wiederum nur eine Verbreitung von 35 % unter der Gesamtzahl der genannten Förderprogramme.

Diese Befunde stellen deutlich heraus, dass für eine erfolgreiche Bildung von Kindern mit Gefühls- und Verhaltensstörungen ein großer Nachholbedarf in Bezug auf die Kenntnis und die Verfügbarkeit von wirksamen sozial- emotionalen Förderprogrammen auf Seiten der Lehrkräfte vorliegt.

Im letzten Jahrzehnt hat sich auch in Deutschland nach internationalem – vor allem US-amerikanischen – Vorbild eine stärkere Präventionsforschung insbesondere in psychologischen Arbeitsbereichen etabliert. Diese Veränderungen sind grundsätzlich als sehr positiv und handlungsleitend zu interpretieren. Zukünftig sollte auch in der Pädagogik und vor allem in der Sonderpädagogik eine stärkere Ausrichtung einer interdisziplinär angelegten Präventionsforschung erfolgen, da die gewonnenen Erkenntnisse eher psychologisch orientierter Präventionsmaßnahmen nicht direkt auf die (sonder-)pädagogischen Arbeitsfelder übertragbar erscheinen, insbesondere was die didaktisch-methodische Passung, die Rhythmisierung sowie die zeitliche Strukturierung im Kontext der realen pädagogischen Praxisbedingungen betrifft. Zugleich müssen insbesondere in den sonderpädagogisch relevanten Settings die Fördermaßnahmen ein hohes Maß an Zielgruppenspezifität und an didaktisch-methodischer Passung an die individuellen Ausgangslagen der Lerngruppen aufweisen, um auch bei sehr großer Heterogenität wirksam zu sein.

Neben der konsequenten Berücksichtigung eines fundierten Theoriemodells wie etwa der sozial-kognitiven Informationsverarbeitung bei der Entwicklung von Präventionsprogrammen sollte eine Förderung der empirisch identifizierten protektiven Faktoren (Laucht et al. 1997) als wichtiges Gütekriterium für wirksame Präventionsprogramme erkennbar sein. Dies lässt Beelmann (2006) nach der Bewertung internationaler Präventionsstudien zu dem Schluss kommen, dass kognitiv-behaviorale und multimodale Präventionsmaßnahmen mit einer klaren Strukturierung im Programmaufbau am wirksamsten sind. Auch die Erfahrungen in der Entwicklung, Durchführung und Evaluation der Präventionsprogramme zu »Lubo aus dem All« weisen auf die Bedeutung der genannten Kriterien hin. Besondere Sorgfalt ist auf eine genaue Instruktion der Programmziele, -inhalte und -methoden sowie deren Vermittlung an die durchführenden Pädagogen zu legen.

Eine gezielte und umfassende Prävention in einer präventiven Bildungseinrichtung stellt eine wichtige Möglichkeit dar, Kinder und Jugendliche durch den Erwerb neuer Handlungsalternativen in ihrer emotional-sozialen Entwicklung und ihrem effektiven Lernen zu fördern. Eine langfristige Etablierung eines übergreifenden Präventionskonzeptes erfordert darüber hinaus eine enge Verzahnung mit den curricularen Lerninhalten von Schule. Wie der Beitrag zeigt, bestätigen die Lehrpläne und Richtlinien explizit den prinzipiellen Auftrag der Schulen zur präventiven Förderung und zeigt curriculare, didaktische und methodische Möglichkeiten der (vor-)schulischen Umsetzung auf (Hillenbrand/Hennemann 2006; Hennemann/Hillenbrand 2010). Die ausführenden Institutionen wie Kita und Schule müssen in ihrem Bemühen, Prävention als feste Säule ihrer inklusiven Institutionsentwicklung und ihres inklusiven Konzepts zu betrachten, deutlich stärker begleitet werden.

Das »Puzzle«-Format in der nachfolgenden Abbildung 8 weist zum einen auf die Passgenauigkeit einzelner Maßnahmen auf der individuellen, Gruppen- oder Klassenebene und auf der Systemebene hin, wie sie von Greenberg (2004) gefordert wird. Zum anderen bedarf es, wie auch aus den Ergebnissen der Präventionsforschung ersichtlich, eines multimodalen Präventionskonzeptes. Damit Inklusion auch im Bereich der Verhaltensstörungen erfolgreicher sein kann, muss dieses Präventionskonzept auf den verschiedenen Ebenen ansetzen, die entwicklungsorientiert sind sowie auch verschiedenen Förderbereiche berücksichtigen. Ein konkreter Vorschlag einer multimodalen Präventionsstrategie am Beispiel für inklusive Schulen wird in der nachfolgenden Abbildung dargestellt (Hillenbrand et al. 2013, S. 43). Letztlich hängt der Erfolg eines solchen schulischen Präventionskonzeptes von der Akzeptanz und der Unterstützung von allen beteiligten pädagogischen Fachkräften eines Teams ab. Die Einrichtung selbst muss sich in diesen Entwicklungsprozess begeben und für die Weiterentwicklung ihres Konzeptes professionell Sorge tragen. Dabei ist die Kenntnis über evidenzbasierte Präventionsmaßnahmen bei Gefühls- und Verhaltensstörungen sowie Lernstörungen unabdingbar mit dem akademischen Leistungsvermögen der Kinder und Jugendlichen und gleichzeitig den Erziehungserfolgen verknüpft. Parallel dazu sollte das Transitionsmanagement zwischen den Institutionen Kindergarten – Grundschule – weiterführende Schule – Förderschule deutlich verbessert werden, indem etwa auch die kooperierenden Institutionen über die präventiven Ansätze der jeweiligen Einrichtung informiert sind.

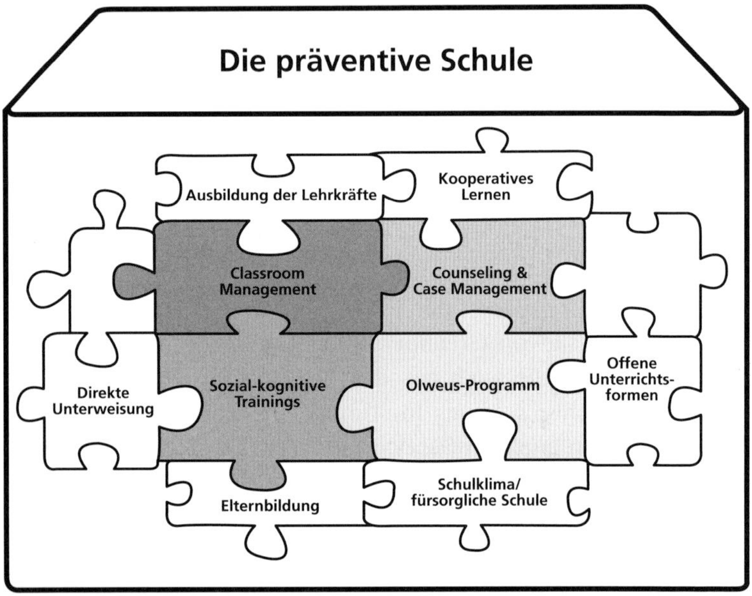

Abb. 8: Effektive Bausteine einer präventiven Schule (Hillenbrand et al. 2013, S. 43)

Nicht zuletzt gehört die präventive Förderung emotional-sozialer Kompetenzen von Kindern und Jugendlichen in Kindergarten und in der Schule als definierter Inhalt in die Aus- und Weiterbildung von pädagogischen Fachkräften. Um dem präventiven Auftrag gerecht werden zu können, müssen – und das zeigt sowohl die oft mangelnde Kenntnis über wirksame Präventionsmaßnahmen als auch die geringe Verbreitung von evidenzbasierten Programmen in den pädagogischen Praxisfeldern – die Qualifizierungsbemühungen der pädagogischen Fachkräfte deutlich verstärkt werden. Gerade die anstehende Entwicklung eines inklusiven Bildungssystems erfordert aufgrund der spezifischen Aufgaben neben der Bereitstellung der erforderlichen personellen und sächlichen Ressourcen in erster Linie die Qualifizierung der Lehrkräfte: Ohne ihre Expertise kann kein inklusives Bildungssystem entstehen. Pädagogische Fachkräfte auf allen Stufen des Bildungssystems stehen damit vor einer neuen Aufgabe, nämlich die Gestaltung von Erziehungs- und Unterrichtssituationen, die zu mehr Gemeinsamkeit auch von Kindern und Jugendlichen mit Behinderungen führen. Eine dafür notwendige Qualifizierung geht von den allgemeinen Kompetenzen der Lehrkräfte aus und spezifiziert sie gemäß der besonderen Unterstützungsbedürfnisse von Schülerinnen und Schülern mit Behinderungen.

Insgesamt bedarf es eines sehr klaren gesellschaftlichen und damit auch bildungspolitischen Bekenntnisses mit all den erforderlichen konzeptionellen, personellen und sächlichen Ressourcen hin zu einer präventiven und inklusiven Förderung von Kindern und Jugendlichen. Diese eindeutige gesellschafts- und bildungspolitische Positionierung kann sich dabei durchaus an einem Prinzip des nächsthöheren effektiven Interventionsniveaus, ähnlich den skandinavischen Gesundheitssystemen, orientieren. Mit anderen Worten: Alles an individueller Förderung, was die Erzieherinnen oder die Lehrkräfte an den allgemeinen Schulen leisten können, sollte auch von ihnen geleistet werden. Hierzu bedarf es einer zukünftigen fundierten Kompetenzerweiterung dieses Personenkreises. Alles an weiterer, intensiverer Förderung wird in einem inklusiven Bildungssystem in enger Kooperation von den sonderpädagogischen und sozialpädagogischen Fachkräften oder auch der Schulpsychologen als Unterstützung vorgehalten.

Inklusion braucht Prävention, dann kann und wird sie gelingen. Auf dem Weg zum inklusiven Bildungssystem verändern sich zunächst die allgemeinbildende Schule und daher auch das System sonderpädagogischer Förderung. Es entsteht ein neues Profil für sonderpädagogische Fachkräfte. Mehr denn je wird ihre Expertise in den allgemeinbildenden Schulen hinsichtlich der zentralen Aufgaben wie der individuellen Lern- und Sprachförderung, der Prävention von Lern-, Verhaltens- und Sprachstörungen, einer fundierten Diagnostik und Förderplanung, der didaktisch-methodischen Kompetenzen, Kriterien effektiven Classroom Managements (Evertson/ Emmer 2009) sowie einer kooperativ ausgerichteten Beratungskompetenz benötigt. Diese Aufgaben und die damit verbundenen Kompetenzen müssen wesentliche Qualifizierungsinhalte in der Aus-, Fort- und Weiterbildung von pädagogischen Fachkräften sein. Grundsätzlich bieten sich gerade für Institutionen wie Kindergarten und Schule sehr große Chancen und Entwicklungspotentiale einer inklusiven sozial-emotionalen Förderung von Kindern und Jugendlichen, um dem Ziel einer Umwandlung des deutschen »Versorgungssystems von Therapie und Rehabilitation auf Prävention und Gesundheitsförderung« (Beelmann 2006, S. 160) näher zu kommen. Allerdings kann dies nicht mit nur einem einzigen Programm wie »Lubo aus dem All« geschehen, sondern bedarf eines aufeinander abgestimmten Präventionskonzeptes. Letztlich wird Bildung von allen beteiligten Akteuren im System gestaltet und initiiert. Daher erfordert ein inklusives Bildungssystem, das auf Prävention baut, ein professionelles Selbstverständnis genau dieser Akteure und ein längerfristig angelegtes Konzept.

Literatur

Abe, J. A. & Izard, C. E. (1999). The developmental functions of emotions: An analysis in terms of differential emotions theory. *Cognition & Emotion, 13* (5), S. 523–549.

Anderson, J. C., Williams, S., McGee, R. & Silva, P. (1987). DSM-II disorders in preadolescent children. Prevalence in a large sample from the general population. *Archives of General Psychiatry 44*, S. 69–76.

Aos, S., Lieb, R., Mayfield, J., Miller, M. & Pennucci, A. (2004). *Benefits and Costs of Prevention.* Washington: Washington State Institute for Public Policy.

American Psychatric Association (2002). Criteria for Evaluating Treatment Guidelines. *American Psychologist 57* (12), S. 1052–1059.

Aronson, E., Wilson, T. & Akert, R. (2004). *Sozialpsychologie.* München: Pearson Studium.

Bandura, A. (1986). *Social foundations of thought and action.* Prentice Hall.: Englewood Cliffs, NJ.

Barrett, P. M., Lowry-Webster, H. & Turner, C. (2003). FRIENDS program for children: Group leaders manual. *Australian Academic Press, 363* (16), S. 78–91.

Barrish, H. H., Saunders, M. & Wolf, M. M. (1969). Good Behavior Game: Effects of Individual Contingencies for Group Consequencies on Disruptive Behavior in a Classroom. *Journal of applied behavior analysis, 2* (2), S. 119–124.

Beelmann, A. (2000). *Prävention dissozialer Entwicklungen: Psychologische Grundlagen und Evaluation früher kind- und familienbezogener Interventionsmaßnahmen.* Unveröffentlichte Habilitationsschrift: Universität Erlangen-Nürnberg.

Beelmann, A. (2006). Wirksamkeit von Präventionsmaßnahmen bei Kindern und Jugendlichen: Ergebnisse und Implikationen der integrativen Erfolgsforschung. *Zeitschrift für klinische Psychologie und Psychotherapie 35*, S. 151–162.

Beelmann, A. & Raabe, T. (2007). *Dissoziales Verhalten von Kindern und Jugendlichen.* Göttingen: Hogrefe.

Beelmann, A. (2008). Prävention im Schulalter. In B. Gasteiger-Klicpera, & J. Klicpera (Hrsg.). *Sonderpädagogik der sozialen und emotionalen Entwicklung* (S. 442–464). Göttingen: Hogrefe.

Beelmann, A. (2012). The Scientific Foundation of Prevention: The Status quo and Future Challenges for Developmental Crime Prevention. In T. Bliesener, A. Beelmann, & M. Stemmler (Hrsg.). *Antisocial Behavior & Crime* (S. 137–164). Göttingen: Hogrefe.

Beelmann, A. & Schmitt, C. (2012). Einflussfaktoren auf die Effektivität. In M. Fingerle & M. Grumm (Hrsg.). *Prävention von Verhaltensauffälligkeiten bei Kindern und Jugendlichen. Programme auf dem Prüfstand* (S. 120–141). München: Ernst Reinhardt.

Beelmann, A., Pfost, M. & Schmitt, C. (2014). Prävention und Gesundheitsförderung bei Kindern und Jugendlichen. Eine Meta-Analyse der deutschsprachigen Wirksamkeitsforschung. *Zeitschrift für Gesundheitspsychologie, 22* (1), S. 1–14.

Bellmann, J. & Müller, T. (2011). Evidenzbasierte Pädagogik – ein Déjà-vu? In J. Bellmann & T. Müller (Hrsg.). *Wissen, was wirkt. Kritik evidenzbasierter Pädagogik* (S. 9–32). Wiesbaden: VS Verlag.

Berk, L. (2011). *Entwicklungspsychologie.* München: Pearson.

Beyer, A. & Lohaus, A. (2006). *Stressbewältigung im Jugendalter: Ein Trainingsprogramm.* Göttingen: Hogrefe.

Bieg, S. & Behr, M. (2005). *Mich und Dich verstehen: ein Trainingsprogramm zur emotionalen Sensitivität bei Schulklassen und Kindergruppen im Grundschul-und Orientierungsalter.* Göttingen: Hogrefe.

Borchert, J. & Runow, V. (2003). Effektive Intervention im sonderpädagogischen Arbeitsfeld – ein Vergleich zwischen Forschungsergebnissen und Lehrereinschätzungen. *Zeitschrift für Heilpädagogische Forschung, 4,* S. 189–203.

Bowi, U., Ott, G. & Tress, W. (2008). Faustlos-Gewaltprävention in der Grundschule. *Praxis der Kinderpsychologie und Kinderpsychiatrie, 57* (7), S. 509–520.

Brandstädter, J. & Gräser, H. (1999). Entwicklungsorientierte Beratung. In R. Oerter, C. von Hagen, G. Röper & G. Noam (Hrsg.). *Klinische Entwicklungspsychologie* (S. 335–350). Weinheim: Psychologie Verlags Union.

Brezinka, V. (2003). Zur Evaluation von Präventivinterventionen für Kinder mit Verhaltensstörungen. *Kindheit und Entwicklung, 12* (2), S. 71–83.

Büchner, P. & Koch, K. (2001). *Von der Grundschule in die Sekundarstufe. Der Übergang aus Kinder- und Elternsicht. Bd. 1.* Opladen: Leske & Budrich.

Burns, M. K., S. L. Deno, and S. R. Jimerson (2007). Toward a Unified Response-to-Intervention Model. In S.R. Jimerson, M.K. Burns & A.M. van der Heyden (Hrsg.). *Handbook of Response to Intervention* (S. 428–440). New York: Springer.

Campos, J. J., Frankel, C. B. & Camras, L. (2004). On the nature of emotion regulation. *Child Development, 75,* S. 377–394.

Casale, G., Hennemann, T. & Hövel, D. (2014). Systematischer Überblick über deutschsprachige schulbasierte Maßnahmen zur Prävention von Verhaltensstörungen in der Sekundarstufe I. *Empirische Sonderpädagogik 6* (1), S. 33–58.

Casale, G., Hennemann, T., Huber, C. & Grosche, M. (2015). Testgütekriterien der Verlaufsdiagnostik von Schülerverhalten im Förderschwerpunkt Emotionale und Soziale Entwicklung. *Heilpädagogische Forschung, 41* (1), 37–54.

Cheney, D., Flower, A. & Templeton, T. (2008). Applying response to intervention metrics in the social domain for students at risk of developing emotional or behavioral disorders. *The Journal of Special Education, 42* (2), S. 108–126.

Christ, T. J., Riley-Tillman, T. C. & Chafouleas, S. M. (2009). Foundation for the development and use of direct behavior rating (DBR) to assess and evaluate student behavior. *Assessment for Effective Intervention, 34* (4), S. 201–213.

Cicchetti, D. (1990). A historical perspective on the discipline of developmental psychopathology. *Risk and protective factors in the development of psychopathology,* S. 2–28.

Cierpka, M. (2001). *Faustlos. Ein Curriculum zur Prävention von aggressivem und gewaltbereitem Verhalten bei Kindern der Klassen 1 bis 3.* Göttingen: Hogrefe.

Cohn, R. (1975). *Von der Psychoanalyse zur Themenzentrierten Interaktion.* Stuttgart: Klett-Cotta.

Conduct Problems Prevention Research Group (1999). Initial impact of the Fast Track prevention trial for conduct problems: II. Classroom effects. *Journal of Consulting and Clinical Psychology, 67* (5), S. 648.

Crick, N. R. & Dodge, K. A. (1994). A review and reformulation of social information-processing mechanisms in children's social adjustment. *Psychological bulletin, 115* (1), S. 74.

Denham, S. A. & Burton, R. (2003). *Social and emotional prevention and intervention programming for preschoolers.* New York: Kluwer Academic/Plenum.

Denham, S. A. (1998). *Emotional development in young children.* New York: Guilford.

Dinkmeyer, D. Sr. & McKay, G. (2007). *Step – Das Elternhandbuch.* Berlin: Beltz.

Döpfner, M. & Kinnen, C. (2009). Hyperkinetische Störung. In A. Lohaus & H. Domsch (Hrsg.). *Psychologische Förder- und Interventionsprogramme für das Kindes- und Jugendalter* (S. 18–34). Heidelberg: Springer.

Döpfner, M. (1989). Soziale Informationsverarbeitung – ein Beitrag zur Differenzierung sozialer Inkompetenzen. *Zeitschrift für Pädagogische Psychologie, 3,* S. 1–8.

Durlak, J. A. & DuPre, E. P. (2008). Implementation Matters: A Review of Research on the Influence of Implementation on Program Outcomes and the Factors Affecting Implementation. *American Journal of Community Psychology, 41,* S. 327–350.

Durlak, J. A., Weissberg, R. P., Dymnicki, A. B., Taylor, R. D. & Schellinger, K. B. (2011). The impact of enhancing students' social and emotional learning: A meta-analysis of school-based universal interventions. *Child development, 82* (1), S. 405–432.

Eisenberg, N., Fabes, R., Murphy, B., Maszk, P., Smith, M. & Karbon, M. (1995). The role of emotionality and regulation in children's social functioning: A longitudinal study. *Child Development, 66,* S. 1360–1384.

Essau, C. A. & Conradt, J. (2003). *Freunde-Programm für Kinder.* München: Reinhardt.

Evertson, C. M. & Emmer, E. T. (2009[8]). *Classroom management for elementary teachers.* New Jersey: Pearson Education.

Fairbanks, S., Sugai, G., Guardino, D. & Lathrop, M. (2007). Response to intervention: Examining classroom behavior support in second grade. *Exceptional Children, 73* (3), S. 288–310.

Fingerle, M., Grumm, M. & Hein, S. (2012). Ein etwas anderes Buch über Präventionsprogramme. In M. Fingerle & M. Grumm (Hrsg.). *Prävention von Verhaltensstörungen bei Kindern und Jugendlichen. Programme auf dem Prüfstand* (S. 8–12). München: Ernst Reinhardt.

Forlin, C., Au, M. L. & Chong, S. (2008). Teachers' attitude, perceptions and concerns about inclusive education in the Asia-Pacific region. In C. Forlin, & M. G. Lian (Hrsg.). *Reform, Inclusion and Teacher Education: Towards a New Era of Special and Inclusive Education in Asia-Pacific Regions* (S. 90–102). New York: Routledge.

Frijda, N. (1986). *The Emotions.* New York: Cambridge University Press.

Fröhlich-Gildhoff, K., Dörner, T. & Rönnau-Böse, M. (2012). *Prävention und Resilienzförderung in Kindertageseinrichtungen – PRiK: Trainingsmanual für ErzieherInnen.* München: Reinhardt.

Fröhlich-Gildhoff, K., Becker, J. & Fischer, S. (2012). *Resilienzförderung in der Grundschule.* München: Reinhardt.

Fuhrer, U. (2008). Jugendalter: Entwicklungsrisiken und Entwicklungsabweichungen. In F. Petermann (Hrsg.). *Lehrbuch der Klinischen Kinderpsychologie* (S. 99–113). Göttingen: Hogrefe.

Gasteiger-Klicpera, B. & Klein, G. (2013). *Das Friedensstifter-Training. Grundschulprogramm zur Gewaltprävention.* München: Reinhardt.

Gerken, N., Natzke, H., Petermann, F. & Walter, H. J. (2002). Verhaltenstraining für Schulanfänger: Ein Programm zur Primärprävention von aggressivem und unaufmerksamem Verhalten. *Kindheit und Entwicklung, 11* (2), S. 119–128.

Gollwitzer, M. (2007). Ansätze zur Primär- und Sekundärprävention aggressiven Verhaltens bei Kindern und Jugendlichen. In M. Gollwitzer, J. Pfetsch, V. Schneider, A. Schulz & T. S. Ulrich (Hrsg.). *Gewaltprävention bei Kindern und Jugendlichen* (S. 141–157). Göttingen: Hogrefe.

Goodman, R. (1997). The Strengths and Difficulties Questionnaire: a research note. *Journal of child psychology and psychiatry, 38*(5), S. 581–586.

Gordon, T. (1989). *Familienkonferenz.* München: Heyne.

Gottfredson, M. & Hirschi, T. (1990). *A general theory of crime.* Palo Alto, CA: Stanford University Press.

Grammer, K. & Eibl-Eibesfeldt, I. (1993). Emotionspsychologische Aspekte im Kulturvergleich. In A. Thomas (Hrsg.). *Kulturvergleichende Psychologie* (S. 289–322). Göttingen: Hogrefe.

Greenberg, M.T. (2004). Current and Future Challenges in School-Based Prevention: The Researcher Perspective. *Prevention Science, 1,* S. 5–13.

Greenberg, M., Kusche, C., Cook, E. & Quamma, J. (1995). Promoting emotional competence in school-aged children: The effects of the PATH curriculum. *Development and Psychopathology, 7,* S. 117–136.

Grob, A. & Smolenski, C. (2009). *Fragebogen zur Erhebung der Emotionsregulation bei Kindern und Jugendlichen.* Bern: Hans Huber, Hogrefe.

Grob, A., Meyer, C. & Hagmann von Arx, P. (2009). *Intelligence and Development Scales.* Bern: Hans Huber, Hogrefe.

Grosche, M. & Volpe, R. J. (2013). Response-to-intervention (RTI) as a model to facilitate inclusion for students with learning and behaviour problems. *European Journal of Special Needs Education, 28* (3), S. 254–269.

Gross, J. & Thompson, R. A. (2007). Emotion regulation: Conceptual foundations. In J. Gross (Hrsg.). *Handbook of emotion regulation* (S. 3–24). New York: Guilford.

Grossman, D., Neckerman, H., Koepsel, T., Liu, P.-Y., Asher, K., Beland, K. & Rivara, F. (1997). Effectiveness of a violence prevention curriculum among children in elementary school. *Journal of the American Medical Association, 277,* S. 1605–1611.

Grumm, M., Hein, S. & Fingerle, M. (2013). Schulische Präventionsprogramme: Eine Onlinebefragung an hessischen Grundschulen zu Nutzung und Beurteilung. *Psychologie in Erziehung und Unterricht, 60,* S. 81–93.

Grünke, M. & Hintz, A. (2008). Frühförderung und Prävention zur Vermei dung gravierender Lernschwierigkeiten. In C. Leyendecker (Hrsg.). *Gemeinsam Handeln statt Behandeln: Aufgaben und Perspektiven der Komplexleistung Frühförderung* (S. 240–247). München: Ernst Reinhardt.

Hagen, T., Hennemann, T. & Hövel, D. (2012). Das KlasseKinderSpiel. Ein Gruppenkontingenzverfahren zur Vermehrung aktiver Lernzeit. *Grundschule aktuell, Zeitschrift des Grundschulverbandes, 120,* S. 16–19.

Hahlweg, K. & Heinrichs, N. (2007). Prävention von kindlichen Verhaltensstörungen mit dem Triple P-Elterntraining. In W. von Suchodoletz (Hrsg.). *Prävention von Entwicklungsstörungen* (S. 183–201). Göttingen: Hogrefe.

Hair, E., Halle, T., Terry-Humen, E., Lavelle, B. & Calkins, J. (2006). Children's school readiness in the ECLS-K: predictions to academic, health, and social outcomes in first grade. *Early Childhood Research Quarterly, 21,* S. 431–454.

Halberstadt, A. G., Denham, S. A. & Dunsmore, J. C. (2001). Affective Social Competence. *Social Development, 10,* S. 79–119.

Harper, B., Lemerise, E. & Caverly, S. (2010). The Effect of Induced Mood on Children's Social Information Processing: Goal Clarification and Response Decision. *Journal of Abnormal Child Psychology, 38,* S. 575–586.

Hartke, B. & Vrban, R. (2011). *Schwierige Schüler: 49 Handlungsmöglichkeiten bei Verhaltensauffälligkeiten (1. bis 4. Klasse).* Hamburg: Persen Verlag.

Hartke, B. (2005). Schulische Prävention – welche Maßnahmen haben sich bewährt. In S. Ellinger & M. Wittrock (Hrsg.). *Sonderpädagogik in der Regelschule* (S. 11–37). Stuttgart: Kohlhammer.

Hartmann, B., Mutzeck, W. & Fingerle, M. (2003). Die Prävalenz von Verhaltensauffälligkeiten. Ergebnisse einer Studie an Grundschulen. *Sonderpädagogik, 33* (4), S. 191–197.

Hattie, J., Beywl, W. & Zierer, K. (2013). *Lernen sichtbar machen.* Baltmannsweiler: Schneider.

Havers, N. (1998). Disziplinschwierigkeiten im Unterricht. Ein Trainingsseminar im Lehrerstudium. *Die Deutsche Schule, 90* (3), S. 189–198.

Havers, N. (2006). Lehrertraining für angehende Referendare. In B. Jürgens (Hrsg.). *Kompetente Lehrer ausbilden. Vernetzung von Universität und Schule in der Lehreraus- und -weiterbildung.* (S. 81–87). Aachen: Shaker.

Havers, N. (2013). Das Münchner Lehrertraining: formative und summative Evaluation. In B. Jürgens & G. Krause (Hrsg.). *Professionalisierung durch Trainings* (S. 85–96). Aachen: Shaker.

Heckler-Schell, A. (2011). *Die Förderung emotionaler und sozialer Kompetenzen bei Kindern im Vorschulalter: »Lubo aus dem All!« Entwicklung,*

Implementierung und Evaluation eines Trainingsprogramms zur Prävention von Gefühls-und Verhaltensstörungen. Bad Heilbrunn: Julius Klinkhardt.

Heinrichs, N., Saßmann, H., Hahlweg, K. & Perrez, M. (2002). *Prävention kindlicher Verhaltensstörungen.* Psychologische Rundschau, 53(4), S. 170–183.

Heinrichs, N., Döpfner, M. & Petermann, F. (2013). Prävention psychischer Störungen. In F. Petermann (Hrsg.), *Lehrbuch der Klinischen Kinderpsychologie* (S. 721–738). Hogrefe: Göttingen.

Heinrichs, N. & Nowak, C. (2009) Elterntrainings. In A. Lohaus & H. Domsch (Hrsg.). *Psychologische Förder- und Interventionsprogramme für das Kindes- und Jugendalter* (S. 293–304). Heidelberg: Springer.

Helmke, A. (2005[4]). *Unterrichtsqualität. Erfassen – Bewerten – Verbessern.* Seelze: Kallmeyer.

Helmke, A. (2010[4]). *Unterrichtsqualität und Lehrerprofessionalität. Diagnose. Evaluation und Verbesserung der Unterrichtsqualität,* Seelze: Kallmeyer.

Hennemann, T., Hillenbrand, C., Wilbert, J., Franke, S., Spieß, R., Jürgens, J. & Görgens, G. (2010). Kompetenzen und Risiken in der Transition in die Hauptschule – eine Querschnittsuntersuchung von Schülerinnen und Schülern der 5. Jahrgangsstufen. *Empirische Sonderpädagogik, 4,* S. 36–49.

Hennemann, T., Hagen, T. & Hillenbrand, C. (2010). Dropout aus der Schule – Empirisch abgesicherte Risikofaktoren und wirksame pädagogische Maßnahmen. *Empirische Sonderpädagogik, 3,* S. 26–47.

Hennemann, T. & Hillenbrand, C. (2010). Klassenführung – Classroom Management. In B. Hartke (Hrsg.). *Förderung in der schulischen Eingangsstufe* (S. 721–738). Stuttgart: Kohlhammer.

Hennemann, T., Hillenbrand, C., Franke, S., Hens, S., Grosche, M. & Pütz, K. (2012). Kinder unter erhöhten emotional-sozialen und kognitiven Risiken als Herausforderung für die Inklusion. Evaluation einer selektiven Präventionsmaßnahme in der schulischen Eingangsstufe. *Empirische Sonderpädagogik, 2,* S. 129–146.

Hennemann, T., Hövel, D. & Urban, M. (in Vorbereitung). *Konzeption und Evaluation eines Trainingsprogramms zur Prävention von Gefühls- und Verhaltensstörungen in den Klassen 3 und 4.*

Hennemann, T., Hövel, D. & Casale, G. (2014). Die präventive Schule, eine inklusive Schule. In D. Jahreis (Hrsg.). *Perspektive Lehramt – Basiswissen Inklusion. Bausteine eine Schule für alle.* Stuttgart: Raabe.

Hess, M. & Scheithauer, H. (2010). fairplayer.sport – Soziale Kompetenzen spielerisch fördern. *Berliner Forum Gewaltprävention, 41,* S. 76.

Hillenbrand, C. & Hennemann, T. (2005). Prävention von Verhaltensstörungen im Vorschulalter. Überblick und theoretische Grundlegung. *Vierteljahresschrift für Heilpädagogik und ihre Nachbargebiete, 2,* S. 129–144.

Hillenbrand, C. & Hennemann, T. (2006). Präventive Erziehungshilfe in der Grundschulstufe. *Zeitschrift für Heilpädagogik, 57* (2), S. 42–51.

Hillenbrand, C., Hennemann, T., Hens, S. & Hövel, D. (2013). *Lubo aus dem All. Programm zur Förderung emotional-sozialer Kompetenzen in der Schuleingangsphase.* München: Reinhardt.

Hillenbrand, C., Hennemann, T. & Agi, I. (2009). Kindliche Verhaltensauffälligkeiten aus der Sicht von Erzieherinnen. *Zeitschrift für Heilpädagogik, 2,* S. 44–50.

Hillenbrand, C., Hennemann, T. & Heckler-Schell, A. (2009). *»Lubo aus dem All!« – Vorschulalter.* München: Reinhardt.

Hillenbrand, C. (2006). *Einführung in die Verhaltensgestörtenpädagogik.* München: Ernst Reinhardt.

Hillenbrand, C. & Pütz, K. (2008). *KlasseKinderSpiel. Spielerisch Verhaltensregeln lernen.* Hamburg: edition Körber.

Hölling, H., Erhart, M., Ravens-Sieberer, U. & Schlack, R. (2007). Verhaltensauffälligkeiten bei Kindern und Jugendlichen. *Bundesgesundheitsblatt, 50,* S. 784–793.

Hölling, H., Schlack, R., Petermann, F., Ravens-Sieberer, U. & Mauz, E. (2014). Psychische Auffälligkeiten und psychosoziale Beeinträchtigungen bei Kindern und Jugendlichen im Alter von 3 bis 17 Jahren in Deutschland–Prävalenz und zeitliche Trends zu 2 Erhebungszeitpunkten (2003–2006 und 2009–2012). *Bundesgesundheitsblatt-Gesundheitsforschung-Gesundheitsschutz, 57* (7), S. 807–819.

Holodynski, M. & Friedlmeier, W. (2006). *Emotionen – Entwicklung und Regulation.* Heidelberg: Springer.

Holodynski, M. (2006). Wie entwickeln sich die Emotionen eines Menschen? In M. Holodynski & W. Friedlmeier (Hrsg.), *Emotionen—Entwicklung und Regulation,* S. 1–8. Heidelberg: Springer.

Holodynski, M., Hermann, S. & Kromm, H. (2013). Entwicklungspsychologische Grundlagen der Emotionsregulation. *Psychologische Rundschau, 64* (4), S. 196–207.

Horsley, T., de Castro, B. O. & Van der Schoot, M. (2010). In the eye of the beholder: Eye-tracking assessment of social information processing in aggressive behavior. *Journal of Abnormal Child, 38* (5), S. 587–599.

Hövel, D. & Hennemann, T. (2013). Förderidee: Effektives Classroom Management: Anregende Lernumgebung gestalten. In H. Bartnitzky, U. Hecker

& M. Lassek (Hrsg.). *Individuell fördern – Kompetenzen stärken* (S. 47–53). Bad Langensalza: Beltz.

Hövel, D., Hennemann, T. & Casale, G. (2014). Schulische Prävention von Gefühls- und Verhaltensstörungen. In D. Jahreis (Hrsg.). *Perspektive Lehramt – Basiswissen Inklusion. Bausteine eine Schule für alle.* Stuttgart: Raabe.

Hövel, D. (2014). *Adaption und Evaluation des Präventionsprogrammes »Lubo aus dem All!« für Kinder mit hohen Risikobelastungen.* Dissertation: Universität Oldenburg.

Hövel, D., Casale, G., Krull, J., Hennemann, T. & Urban, M. (2014). Effects of a school-based prevention program for third and fourth graders to teach both social and academic skills. Presentation on the *International Conference on Inclusive Education,* Wuppertal, July 11th-12th, 2014.

Huber, C. & Grosche, M. (2012). Das response-to-intervention-Modell als Grundlage für einen inklusiven Paradigmenwechsel in der Sonderpädagogik. *Zeitschrift für Heilpädagogik, 8,* S. 313–322.

Humpert, W. & Dann, H.-D. (2001). *KTM kompakt. Basistraining zur Störungsreduktion und Gewaltprävention in pädagogischen und helfenden Berufen auf der Grundlage des ›Konstanzer Trainingsmodells‹.* Bern: Huber.

Ihle, W. & Esser, G. (2002). Epidemiologie psychischer Störungen im Kindes- und Jugendalter. *Psychologische Rundschau, 53* (4), S. 159–169.

Ihle, W. & Esser, G. (2008). Epidemiologie psychischer Störungen des Kindes- und Jugendalters. In H. Julius & B. Gasteiger-Klicpera (Hrsg.). *Sonderpädagogik der sozialen und emotionalen Entwicklung. Band 3 Handbuch Sonderpädagogik* (S. 49–62). Göttingen: Hogrefe.

Ihle, W., Esser, G., Schmidt, M. & Blanz, B. (2000). Prävalenz, Komorbidität und Geschlechtsunterschiede psychischer Störungen vom Grundschul- bis ins frühe Erwachsenenalter. *Zeitschrift für Klinische Psychologie und Psychotherapie, 29,* S. 263–275.

Innerhofer, P. (1977). *Das Münchner Trainingsmodell. Beobachtung, Interaktionsanalyse, Verhaltensänderung.* Berlin: Springer.

Izard, C. (1994). *Die Emotionen des Menschen. Eine Einführung in die Grundlagen der Emotionspsychologie.* Weinheim: Psychologie Verlags Union.

Janke, B. (2007). Entwicklung von Emotionen. In M. H. Schneider (Hrsg.). *Handbuch der Entwicklungspsychologie* (S. 347–358). Göttingen: Hogrefe.

Janke, B. (2008). Emotionswissen und Sozialkompetenz von Kindern im Alter von drei bis zehn Jahren. *Empirische Pädagogik, 22,* S. 127–144.

Jornitz, S. (2009). Evidenzbasierte Bildungsforschung. *Pädagogische Korrespondenz, 40,* S. 68–75.

Jugert, G., Rehder, A., Notz, P. & Petermann, F. (2006). *Fit for Life. Module und Arbeitsblätter zum Training sozialer Kompetenz für Jugendliche.* Weinheim: Juventa.

Junge, J., Neumer, S., Manz, R. & Margraf, J. (2002). *Gesundheit und Optimismus GO: Trainingsprogramm für Jugendliche.* Weinheim: Beltz.

Kanning, U. P. (2009). *Diagnostik sozialer Kompetenzen.* Göttingen: Hogrefe.

Kellam, S., Rebok, G., Ialongo, N. & Mayer, L. (1994). The course and malleability of aggressive behavior from early first grade into middle school: Results of a developmental epidemiologically-based preventive trial. *Journal of Child Psychology and Psychiatry, 35,* S. 259–281.

Keogh, B. (1999). Risiko und protektive Einflüsse in der Schule. In G. Opp & M. Fingerle (Hrsg.). *Was Kinder stärkt. Erziehung zwischen Risiko und Resilienz* (S. 191–203). München: Ernst Reinhardt.

Kiresuk, T. J. & Sherman, M. R. E. (1968). Goal attainment scaling: A general method for evaluating comprehensive community mental health programs. *Community Mental Health Journal, 4* (6), S. 443–453.

Klauer, K. & Lauth, G. (1997). Lernbehinderungen und Leistungsschwierigkeiten bei Schülern. In F. E. Weinert (Hrsg.). *Psychologie des Unterrichts und der Schule* (S. 701–738). Göttingen: Hogrefe.

Klemm, K. (2009). *Sonderweg Förderschulen: Hoher Einsatz, wenig Perspektiven. Eine Studie zu den Ausgaben und zur Wirksamkeit von Förderschulen in Deutschland.* Gütersloh: Bertelsmann Stiftung.

Ständiges Sekretariat der Kultusminister der Länder in der Bundesrepublik Deutschland (2000). *Empfehlungen zum Förderschwerpunkt emotionale und soziale Entwicklung.* Berlin.

Koglin, U. & Petermann, F. (2008[6]). Kindergarten- und Grundschulzeit: Entwicklungsrisiken und -abweichungen. In F. Petermann (Hrsg.). *Lehrbuch der Klinischen Kinderpsychologie* (S. 81–98) Göttingen: Hogrefe.

Koglin, U. & Petermann, F. (2013). *Verhaltenstraining im Kindergarten. Ein Programm zur Förderung sozial-emotionaler Kompetenz.* Göttingen: Hogrefe.

Konrad, G. (2002). *Entwicklung und Evaluation eines Gruppentrainings für Mütter von Kindern mit einer Aufmerksamkeitsdefizit-/Hyperaktivitätsstörung (ADHS).* Frankfurt: Peter Lang.

Kullik, A. & Petermann, F. (2012). *Emotionsregulation im Kindesalter.* Göttingen: Hogrefe.

Laucht, M., Esser, G. & Schmidt, M. H. (1997). Wovor schützen Schutzfaktoren? Anmerkungen zu einem populären Konzept der modernen Gesundheitsforschung. *Zeitschrift für Entwicklungspsychologie und Pädagogische Psychologie, 29,* S. 260–270.

Lauth, G.W. & Heubeck, B. (2006). *Kompetenztraining für Eltern sozial auffälliger Kinder (KES).* Göttingen: Hogrefe.

Lauth, G.W., Grimm, K. & Otte, T.A. (2007). Verhaltensübungen im Elterntraining. Eine Studie zur differenziellen Wirksamkeit im Elterntraining. *Zeitschrift für Klinische Psychologie und Psychotherapie, 36,* S. 26–35.

Lemerise, E. A. & Arsenio, W. F. (2000). An integrated model of emotion processes and cognition in social information processing. *Child development, 71* (1), S. 107–118.

Lewis, T. J., Jones, S. E. L., Horner, R. H. & Sugai, G. (2010). School-Wide Positive Behavior Support and Students with Emotional/Behavioral Disorders: Implications for Prevention, Identification and Intervention. *Exceptionality, 18,* S. 82–93.

Lindsay, G. (2007). Educational psychology and the effectiveness of inclusive education/mainstreaming. *British Journal of Educational Psychology, 77* (1), S. 1–24.

Lohaus, A. & Domsch, H. (2009). *Psychologische Förder-und Interventionsprogramme für das Kindes-und Jugendalter.* Heidelberg: Springer.

Lohmann, G. (2011[10]). Mit Schülern klarkommen: Professioneller Umgang mit Unterrichtsstörungen und Disziplinkonflikten. Berlin: Cornelsen Scriptor.

Lösel, F., Beelmann, A., Stemmler, M. & Jaursch, S. (2006). Prävention von Problemen des Sozialverhaltens im Vorschulalter. *Zeitschrift für klinische Psychologie und Psychotherapie, 35* (2), S. 127–139.

Lösel, F., Bliesener, T. & Bender, D. (2007). Social information processing, experiences of aggression in social contexts, and aggressive behavior in adolescents. *Criminal Justice and Behavior, 34*(3), S. 330–347.

Lösel, F. & Bender, D. (2007[2]). Von generellen Schutzfaktoren zu spezifischen protektiven Prozessen: Konzeptuelle Grundlagen und Ergebnisse der Resilienzforschung. In: G. Opp & M. Fingerle (Hrsg.), *Was Kinder stärkt. Erziehung zwischen Risiko und Resilienz* (S. 57–78). München: Ernst Reinhardt.

Lösel, F. & Beelmann, A. (2003). Effects of child skills training in preventing antisocial behavior: A systematic review of randomized evaluations. *The Annals of the American Academy of Political and Social Science, 587* (1), S. 84–109.

Lösel, F. & Beelmann, A. (2005). Social problem-solving programs for preventing antisocial behavior in children and youth. In M. MacMurran & J. Mc-Guire (Hrsg.). *Social problem solving and offending: Evidence, evaluation and evolution* (S. 127–143). Chichester: John Wiley & Sons Ltd.

Mahlau, K., Diehl, K., Voß, S. & Hartke, B. (2011). Das Rügener Inklusionsmodell (RIM)–Konzeption einer inklusiven Grundschule. *Zeitschrift für Heilpädagogik, 11,* S. 464–472.

Marées, N. V. & Petermann, F. (2009). Bullying an Grundschulen: Formen, Geschlechtsunterschiede und psychosoziale Korrelate. *Psychologische Rundschau, 60* (3), S. 152.

Masten, A. & Powell, J. (2003). A resilience framework for research, policy, and practice. In S. Luthar (Hrsg.). *Resilience and vulnerability. Adaption in the context of childhood adversities* (S. 1–25). Cambridge: Cambridge University Press.

Masten, A.S., Burt, K.B. & Coatsworth, D. (2006²). Competence and psychopathology in development. In D. Cicchetti & D. Cohen (Hrsg.), *Developmental psychopathology, Vol. 3, Risk, disorder and psychopathology* (S. 696–738). New York: Wiley.

McClelland, M.M., Acock, A.C. & Morrison, F.J. (2006). The impact of kindergarten learning-related skills on academic trajectories at the end of elementary school. *Early Childhood Research Quarterly, 21,* S. 471–490.

Melzer, W., Schubarth, W. & Ehninger, F. (2011²). *Gewaltprävention und Schulentwicklung. Analysen und Handlungskonzepte.* Bad Heilbrunn: Klinkhardt.

Ministerium für Schule und Weiterbildung des Landes Nordrhein-Westfalen (2008). *Richtlinien und Lehrpläne für die Grundschule in Nordrhein-Westfalen.* Frechen: Ritterbach Verlag.

München, S. F. (2014). *Grundschule: Fächerübergreifende Bildungs- und Erziehungsziele.* Verfügbar unter http://www.lehrplanplus.bayern.de/faecheruebergreifende-ziele/grundschule [24. 02.2014].

Mutzeck, W. (1983). Problemorientiertes Lehrertraining. In W. Mutzeck & W. Pallasch (Hrsg.). *Handbuch zum Lehrertraining* (S. 117–135). Weinheim: Beltz.

Myschker, N. (1999). Integrative Pädagogik bei Kindern und Jugendlichen mit Verhaltensstörungen. In N. Myschker & M. Ortmann (Hrsg.) *Integrative Schulpädagogik. Grundlagen, Theorie und Praxis* (S. 238–284). Stuttgart: Kohlhammer, S. 238–284.

Myschker, N. & Stein, R. (2014⁷). *Verhaltensstörungen bei Kindern und Jugendlichen.* Stuttgart: Kohlhammer.

Najaka, S., Gottfredson, D. & Wilson, D. (2001). A meta-analytic inquiry into the relationship between selected risk factors and problem behavior. *Prevention Science, 2,* S. 257–271.

Natzke, H. & Petermann, F. (2009). Schulbasierte Prävention aggressiv-oppositionellen und dissozialen Verhaltens: Wirksamkeitsüberprüfung des Verhaltenstrainings für Schulanfänger. *Praxis der Kinderpsychologie und Kinderpsychiatrie, 58* (1), S. 34–50.

Novins, D. K., Green, A. E., Legha, R. K. & Aarons, G. A. (2013). Dissemination and Implementation of Evidence-Based Practices for Child and Adolescent Mental Health: A Systematic Review. *Journal of the American Academy of Child & Adolescent Psychiatry, 52* (10), S. 1009–1025.

Olweus, D. (2008[4]). *Gewalt in der Schule.* Bern: Huber.

Opp, G., Fingerle, M. & Freytag, A. (1999). *Erziehung zwischen Risiko und Resilienz: Neue Perspektiven für die heilpädagogische Forschung und Praxis. Was Kinder stärkt.* München Basel: Ernst Reinhardt Verlag.

Opp, G. & Puhr, K. (2003). Schule als fürsorgliche Gemeinschaft. In G. Opp (Hrsg.). *Arbeitsbuch schulische Erziehungshilfe* (S. 109–144). Bad Heilbrunn: Klinkhardt.

Opp, G. (2003). Symptomatik, Ätiologie und Diagnostik bei Gefühls- und Verhaltensstörungen. In A. Leonhardt & F. Wember (Hrsg.). *Bildung, Erziehung, Behinderung. Grundlagen und Methoden der pädagogischen Rehabilitation* (S. 504–517). Weinheim: Beltz.

Opp, G. & Unger, N. (2006). *Kinder stärken Kinder. Positive Peer Culture in der Praxis.* Hamburg: edition Körber Stiftung.

Oxford Centre for Evidence-Based Medicine (2011). *Levels of Evidence Working Group.* Unter: www.cebm.net/index.aspx?o=5653 [24. November 2013].

Patterson, G.R., Dishion, T.J. & Yoerger, K. (2000). Adolescent growth in new forms of problem behavior: macro- and micro-peer dynamics. *Prevention Science, 1,* S. 3–13.

Petermann, F. & Barnow, S. (2013). Emotionsregulation. *Psychologische Rundschau, 64* (4), S. 193–195.

Petermann, F. & Wiedebusch, S. (2008). *Emotionale Kompetenz bei Kindern.* Göttingen: Hogrefe.

Petermann, F. (2003). Prävention von Verhaltensstörungen – Einführung in den Themenschwerpunkt. *Kindheit und Entwicklung, 12* (2), S. 65–70.

Petermann, F. & Wiedebusch, S. (2003). *Emotionale Kompetenz bei Kindern.* Göttingen: Hogrefe.

Petermann, F. (2005). Zur Epidemiologie psychischer Störungen im Kindes- und Jugendalter. *Kindheit und Entwicklung, 14* (1), S. 48–57.

Petermann, F. & Petermann, U. (2008). *Training mit aggressiven Kindern.* Weinheim: Beltz.

Petermann, F. & Petermann, U. (2011). Prävention. *Kindheit und Entwicklung, 20* (4), S. 197–200.

Petermann, U. & Petermann, F. (2013²). *Lehrereinschätzliste für Sozial-und Lernverhalten: LSL.* Göttingen: Hogrefe.

Petermann, F., Koglin, U., Natzke, H. & von Marées, N. (2013). *Verhaltenstraining in der Grundschule: Ein Programm zur Förderung emotionaler und sozialer Kompetenzen.* Göttingen: Hogrefe.

Petermann, F., Gerken, N., Natzke, H. & Walter, H. J. (2013). *Verhaltenstraining für Schulanfänger: ein Programm zur Förderung emotionaler und sozialer Kompetenzen.* Göttingen: Hogrefe.

Pons, F., Harris, P. L. & de Rosnay, M. (2004). Emotions comprehension between 3 an 11 years: Development periods and hierarchial organization. *European Journal of Development Psychology, 1,* S. 127–152.

Pössel, P., Horn, A., Seemann, S. & Hautzinger, M. (2004). *Lebenslust mit Lars & Lisa. Interventions-und Präventionsprogramm für Kinder und Jugendliche.* Göttingen: Hogrefe.

Precht, R. D. (2010). *Die Kunst kein Egoist zu sein.* München: Goldmann.

Redlich, A. & Schley, W. (1978). *Kooperative Verhaltensmodifikation im Unterricht.* München: Urban & Schwarzenberg.

Reicher, H. & Jauk, M. (2012). Programme zur Förderung sozialer Kompetenz im schulischen Setting. In M. Fingerle, & M. Grumm (Hrsg.). *Prävention von Verhaltensauffälligkeiten bei Kindern und Jugendlichen. Programme auf dem Prüfstand* (S. 29–48). München: Ernst Reinhardt.

Reinke, W. M., Stormont, M., Herman, K. C. & Newcomer, L. (2014). Using Coaching to Support Teacher Implementation of Classroom-based Interventions. *Journal of Behavioral Education, 23* (1), S. 150–167.

Ricking, H. (2005). Zum »Overlap« von Lern- und Verhaltensstörungen. *Sonderpädagogik, 35* (4), S. 235–248.

Rogers, C. R. (1977). *Lernen in Freiheit. Zur Bildungsreform in Schule und Universität.* München: Kösel.

Rose-Krasnor, L. (1997). The nature of social competence: A theoretical review. *Social Development, 6,* S. 111–135.

Saarni, C. (1999). *The development of emotional competence.* New York: Guilford.

Saarni, C. (2002). Die Entwicklung von emotionaler Kompetenz in Beziehungen. In M. v. Salisch (Hrsg.). *Emotionale Kompetenz entwickeln. Grundlagen in Kindheit und Jugend* (S. 3–30). Stuttgart: Kohlhammer.

Saarni, C., Campos, J., Camras, L. & Witherington, D. (2006). Emotional development: action, communication and understanding. In N. Eisenberg (Hrsg.). *Handbook of Child Psychology* (S. 226–299). Hoboken: Wiley.

Sackett, D. L. (1997). Evidence-based medicine. *Seminars in perinatology, 21* (1), S. 3–5.

Sanders, M.R. (1999). The Triple P – Positive Parenting Program: Towards an empirically validated multi-level parenting and family support strategy for the prevention and treatment of child behaviour and emotional problems. *Child and Family Psychology Review, 2,* S. 71–90.

Scheithauer, H. & Bull, H. D. (2008). *Fairplayer.manual: Förderung von sozialen Kompetenzen und Zivilcourage-Prävention von Bullying und Schulgewalt: Theorie und Praxismanual für die Arbeit mit Jugendlichen und Schulklassen.* Göttingen: Vandenhoeck & Ruprecht.

Schick, A. & Cierpka, M. (2003). Faustlos: Evaluation eines Curriculums zur Förderung sozial-emotionaler Kompetenzen und zur Gewaltprävention in der Grundschule. *Kindheit und Entwicklung, 12* (2), S. 100–110.

Schick, A. & Cierpka, M. (2004). »FAUSTLOS«–Ein Gewaltpräventions-Curriculum für Grundschulen und Kindergärten. *Gewaltprävention in der Schule,* S. 54–66.

Schley, W. (1989). Kooperative Verhaltensmodifikation. In H. Goetze & H. Neukäter (Hrsg.). *Handbuch der Sonderpädagogik, 6* (S. 546–568). Halle/Saale: Marhold.

Schultze-Krumbholtz, A., Zagorscak, P., Scheithauer, H. & Siebenbrock, A. (2012). *Das Medien-Helden Programm zur Prävention von Cybermobbing. Krisen im Schulalltag. Prävention, Management und Nachsorge.* München: Ernst Reinhardt.

Seiffge-Krenke, I. (1998). *Adolescents' health: a developmental perspective.* Mahwah NJ: Erlbaum.

Seitz-Stein, K., Schumann-Hengsteler, R., Zoelch, C., Grube, D. Mähler, C. & Hasselhorn, M. (2012) Diagnostik der Funktionstüchtigkeit des Arbeitsgedächtnisses bei Kindern zwischen 5 und 12 Jahren: Die Arbeitsgedächtnistestbatterie AGTB 5–12. In M. Hasselhorn & C. Zoelch (Hrsg.). *Funktionsdiagnostik des Arbeitsgedächtnisses* (S. 1–22). Göttingen: Hogrefe.

Siegler, R., de Loache, J. & Eisenberg, N. (2008). *Entwicklungspsychologie im Kindes- und Jugendalter.* Heidelberg: Springer.

Sklad, M., Diekstra, R., Ritter, M. d. & Ben, J. (2012). Effectiveness of school-based universal social, emotional, and behavioral programs: do they enhance students' development in the area of skill, behavior, and adjustment? *Psychology in the Schools, 49* (9), S. 892–909.

Speck, O., Gottwald, P., Havers, N. & Innerhofer, P. (1978). *Schulische Integration lern- und verhaltensgestörter Kinder. Bericht über ein Forschungsprogramm.* München: Reinhardt.

Tausch, R., & Tausch, A. (1977). *Erziehungspsychologie.* Göttingen: Hogrefe.

Tennstädt, K.-C., Krause, F., Humpert, W. & Dann, H.-D. (1995). *Das Konstanzer Trainingsmodell (KTM). Ein Selbsthilfeprogramm für zeitgemäßes Unterrichten und Erziehen, Bd. 1: Trainingshandbuch.* Bern: Huber.

Thomas, S. & Hennemann, T. (2013). Unterrichtsstörungen (präventiv) begegnen. Strategien für eine aktive Lernzeit. *Praxis Fördern, 2,* S. 33–36.

Toepell, S. (2010). *Lehrertrainings im deutschen Sprachraum. Einzeldarstellungen und Entwicklungsverläufe.* München: Herbert Utz Verlag.

Velez, C., Johnson, J. & Cohen, P. (1989). A longitudinal analysis of selected risk factors of childhood psychopathology. *Journal of the American Academy of Child and Adolescent Psychatry, 29,* S. 782–784.

Volpe, R. J. and Fabiano, G.A. (2013). *Daily Behavior Report Cards.* New York, NY: Taylor & Francis.

Vonderlin, E. & Pauen, S. (2013). Entwicklungsrisiken und Entwicklungsabweichungen. In F. Petermann (Hrsg.). *Lehrbuch der Klinischen Kinderpsychologie* (S. 77–100). Göttingen: Hogrefe.

Vrban, R. & Hartke, B. (2009). Schwierige Schüler – 49 Handlungsmöglichkeiten bei Verhaltensauffälligkeiten. Ergebnisse eines Forschungsvorhabens zur Entwicklung und Evaluation von Planungshilfen zur Unterstützung des Lehrerhandelns. *Zeitschrift für Heilpädagogik,* 2, S. 470–481.

Wadepohl, H., Koglin, U., Vonderlin, E. & Petermann, F. (2011). Förderung sozial-emotionaler Kompetenz im Kindergarten. *Kindheit und Entwicklung, 20* (4), S. 219–228.

Walbert, G. (2010). *Grenzziehende und unterstützende Maßnahmen bei Verhaltens- und Unterrichtsstörungen.* Unveröffentlichte Handreichung des Zentrums für schulpraktische Lehrerbildung (ZfsL) Jülich, Nordrhein-Westfalen.

Webster-Stratton, C. (1991). *Dinosaur social skills and problem-solving manual.* Seattle.

Weidner, M. (2003). *Kooperatives Lemen im Unterricht.* Seelze: Kallmeyer.

Werner, E.E. & Smith, R.S. (1992). *Overcoming the odds.* Ithaca/London: Cornell University Press.

Wilson, S. J. & Lipsey, M. W. (2007). School-based interventions for aggressive and disruptive behavior: Update of a meta-analysis. *American journal of preventive medicine, 33* (2), S. 130–143.

Wilson, S., Lipsey, M. & Derzon, J. (2003). The effects of schoolbased information processing interventions on aggressive behavior: A meta-analysis. *Journal of Consulting and Clinical Psychology, 71,* S. 138–149.